gelöscht

gelöscht

DAS PRAG BUCH

DAS PRAG BUCH

DAS PRAG BUCH

DAS PRAG BUCH

DAS PRAG BUCH

DAS PRAG BUCH

DAS PRAG BUCH

DAS PRAG BUCH

DAS PRAG BUCH

DAS PRAG BUCH

DAS PRAG BUCH

ZU DIESEM BUCH

Hier möchte sie lieber malen können als schreiben, meinte einst die Romantikerin Caroline de la Motte Fouqué und fügte hinzu: »Es gibt einen Punkt auf dieser Höhe, von wo der Blick, wie berauscht, in die Fülle des allergrößten Reichtums versinkt. Unmittelbar unter dem Abhange die Moldau, darüber weg das königliche Prag!« Unbeschreiblich, »vielleicht unvergleichlich« sei diese Stadt – und genau das ist es wohl auch, was Besucher zu allen Zeiten faszinierte: dass das »Goldene Prag« mit seinem als UNESCO-Welterbe geschützten historischen Zentrum sich im Lauf seiner Geschichte immer wieder gewandelt hat und doch stets gleich geblieben ist – unvergleichlich. Und wenn nun, mehr als zwei Jahrzehnte nach der »Samtenen Revolution«, weiterhin alles im Umbruch ist, so gilt doch nach wie vor das Wort der Dichter: »Ganz Praha ist ein Goldnetz von Gedichten« (Detlev von Liliencron). Folgen wir der

ZU DIESEM BUCH

Poesie dieser Stadt, die kaum zufällig zur »Mutter aller Städte« (»Praga Mater urbium«) erkoren wurde und die so reich ist an Geschichte und Geschichten, an Kunst und Kultur, an architektonischen Sehenswürdigkeiten und modernen Zeugnissen einer quicklebendigen Metropole im Zentrum von Europa, so fällt auf, dass sich die meisten Beschreibungen schnell in eine Liebeserklärung verwandeln. Die vielleicht schönste stammt von einer Pragerin, von der 2008 gestorbenen Autorin Lenka Reinerová. »Prag«, schreibt sie, »in tschechischer Sprache das Femininum Praha«, könne launenhaft sein wie eine Frau. Mitunter setze die Stadt ein unpassend aufdringliches Make-up auf, aber das sei nur eine oberflächliche Schminke. Das wahre Antlitz ihres Heimatortes lasse solche ungewollten Veränderungen über sich ergehen, und dieser bleibe, »was er schon immer war: unser wunderbar närrisches Prag«.

Fassadendetail am Rudolfinum: Der in den Jahren 1875 bis 1885 nach Plänen von Josef Zítek und Josef Schulz im Neorenaissancestil errichtete Bau geht auf eine Stiftung der Böhmischen Sparkasse anlässlich ihres fünfzigjährigen Jubiläums zurück. Den Künsten gewidmet, konzertiert darin heute die Tschechische Nationalphilharmonie.

INHALTSVERZEICHNIS

»Ich liebe es, nachts in Prag spazieren zu gehen: Es ist, als ob ich jeden Seufzer seiner Seele auffangen könnte.« (Jiří Karásek)

Abbildung oben: Zu beiden Seiten der Moldau breitet sich die goldene Stadt aus.
Abbildungen auf den vorigen Seiten:
1 Die Astronomische Uhr am Altstädter Rathaus
2/3 Blick vom Altstädter Brückenturm hinüber zur Prager Burg
4/5 An den Komponisten Bedřich Smetana erinnert am nach ihm benannten Kai das Smetana-Museum (ganz links im Bild).
6/7 Der Altstädter Ring mit der Astronomischen Uhr am Rathaus (links im Bild) und den beiden Türmen der Teynkirche (Bildmitte)
8/9 Der Wenzelsplatz mit dem Hauptgebäude des Nationalmuseums
10/11 Die Bibliothek im Kloster Strahov

HRADSCHIN	16
Prager Burg	18
Prager Burg: St.-Veits-Dom	26
»Heiliger Wenzel, Herzog des böhmischen Landes«	34
Prager Burg: Königspalast	36
Prager Burg: St. Georgs-Basilika	38
Prager Burg: Goldenes Gässchen	40
Klassiker der literarischen Moderne: Franz Kafka	42
Prager Burg: Schloss Belvedere	44
Hradschiner Platz	46
Sammlungen der Nationalgalerie auf dem Hradschin	50
Loreto-Heiligtum	52
Reformation und Glaubenskriege	54
Nový svět, Pohořelec	56
Kloster Strahov	58
Autor, Bürgerrechtler, Staatspräsident: Vaclav Havel	60
KLEINSEITE	62
Der Fluss, der König, seine Frau und ihr Liebhaber	64
Karlsbrücke	66

Der Kaiser und seine Stadt	76
Franz Kafka Museum	78
Moldauinsel Kampa	80
Museum Kampa	82
Brückengasse	84
Kleinseitner Ring	86
St. Niklas auf der Kleinseite	88
St. Thomas, St. Joseph	90
Nerudagasse	92
Zeichen und Wunder	94
Neue Schlossstiege	96
Palais Waldstein	98
Eine Vision von Prag: Palastgärten	100
Palais Lobkowitz	102
Palais Vrtba, Vrtba-Garten	104
St. Maria de Victoria	106
Laurenziberg	108
ALTSTADT UND JOSEFSTADT	110
Kreuzherrenplatz	112
Clementinum	114
Mein Kai, meine Musik, mein Vaterland: Smetana	116
Karlsgasse	118
Palais Clam-Gallas	120

INHALTSVERZEICHNIS

Prager Puppenspiele(r):	
Artisten am Drahtseil	122
St. Ägidius	124
Gallusstadt	126
Ständetheater	128
Carolinum	130
Altstäder Rathaus	132
Wem die Stunde schlägt:	
der Magister, die Uhr und der Tod	134
Altstädter Ring	136
Jan Hus: »Prada Zvítesí« – Die Wahrheit siegt	138
Palais Goltz-Kinsky	144
Teynkirche	146
St. Niklas in der Altstadt	148
Kleiner Ring	150
Zeltnergasse	152
Teynof – Ungelt	154
Pulverturm	156
Agneskloster	158
Ein Frauenschicksal im Mittelalter:	
die Heilige Agnes von Böhmen	160
Gemeindehaus	162
Alfons Maria Mucha:	
»Ich mache es auf meine Weise.«	170
Pariser Straße	172
Das Prager Ghetto	174
Altneusynagoge	176
Der Kaiser und sein Bankier	178
Alter Jüdischer Friedhof	180
Pinkassynagoge	182
Rudolfinum	184
Kunstgewerbemuseum	186
Zur kubistischen Architektur Prags	188

NEUSTADT 190

Eine neue Kunstepoche: jung und modern	192
Hauptbahnhof	194
Jubiläumssynagoge	196
Wenzelsplatz	198
Hotel Europa	200
Palast Lucerna	202
Pivo: das tschechische Nationalgetränk	204
Nationalmuseum	206
Prager Kaffeehauskultur:	
Starbucks oder Grand Café	208
Staatsoper Prag	210
Nationalstraße	212
Nationaltheater	214
Slawische Insel	216
Filmstadt Prag: das Hollywood des Ostens	218
Karlsplatz	220
Tanzendes Haus	222
Aus der Neuen Welt: Dvorak	224

UMGEBUNG 226

Letnaplateau	228
Messepalast	230
Baumgarten, Ausstellungsgelände	232
Schloss Troja	234
Kloster Břevnov, Schloss Stern	236
Vynohrady	238
Smichov	240
Villa Bertramka	242
Mozart in Prag: Liebe auf den ersten Blick	242
Kinsky-Villa	244
Schloss Zbraslav	246
Vyšehrad	248
Burg Karlstein	250
Eine sakrale Inszenierung:	
die »Zauberwelt« von Burg Karlstein	252
Register	254
Bildnachweis, Impressum	256

HRADSCHIN (HRADČANY)

Der Sage nach schaute einst Libussa (tschech. Libuše), die mythische Stammmutter der böhmischen Přemysliden-Dynastie, von einem Hügel am westlichen Ufer der Moldau auf einen Felsen auf der gegenüberliegenden Seite und sagte die Gründung einer mächtigen Burg (tschech. Hrad) voraus, zu deren Füßen eine große Stadt entstehen werde. Diese Prophezeiung erfüllte sich: Ab dem 9. Jahrhundert wurde die Burg gebaut, später entstanden in der flachen Mulde davor vier Ansiedlungen, die man 1784 zusammenlegte. Die Keimzelle der Stadt Prag aber war die Burg, die Libussa in ihrer Vision erblickt hatte.

PRAGER BURG (PRAŽSKÝ HRAD)

Nicht nur optisch dominiert die auf dem »Hradschin« genannten Prager Hügel gelegene Burg seit über tausend Jahren die Stadt – bis heute befindet sich hier das politische Zentrum des Landes. Könige und Kaiser aus dem Geschlecht der Přemysliden wie aus den Häusern Luxemburg und Habsburg residierten darin ebenso wie kommunistische Staatsoberhäupter. Heute dient sie dem Präsidenten der Republik als Amtssitz. Seit Herzog Bořivoj I. (um 852/855–um 888/889) die ersten Erdwälle und Holzpalisaden errichten ließ, ist die Anlage von vielen nachfolgenden Herrschergenerationen erweitert worden. So entwickelte sich die Prager Burg zum größten geschlossenen Burgareal der Welt. Zu diesem gehören nicht nur Paläste und Wehrtürme, sondern auch Klöster und Kirchen wie der mächtige Veitsdom. Insgesamt bedeckt die Anlage ein rund 45 Hektar großes Areal.

PRAGER BURG (PRAŽSKÝ HRAD)

Blick auf die Karlsbrücke und den Burghügel der Stadt, die seit jeher auch die Fantasie der Dichter anregte: »Nichts ist schöner, als auf dem Steingeländer zu sitzen, die Augen zu schließen und sich wegfliegen zu lassen, hui, ... bis in den Himmel hinein« (Egon Erwin Kisch).

PRAGER BURG (PRAŽSKÝ HRAD)

»Alte Stadt mit Türmen (hoch über dem Fluss) ... In Sommertagen am schönsten, doch im Winter am seltsamsten. Der Nebel steigt aus dem dunklen Fluss; aus dem Flusse, der zugleich schwermütig, zugleich leuchtsam ist; der Nebel dampft aufwärts, zieht wehend empor zur Burgstadt, die jenseits der Flut mit grauen, grünen Türmen in die Wolken ragt« (Alfred Kerr).

PRAGER BURG (PRAŽSKÝ HRAD)

PRAGER BURG (PRAŽSKÝ HRAD)

Der Burgbereich als Ganzes ist ein seltenes Beispiel historischer Kontinuität: Schon zu Zeiten der Přemysliden als erstem Herrschergeschlecht markierte seine Umwehrung im Kern das Areal aller späteren Residenzen. Allerdings wurde der mittelalterliche Burggraben, der den Zugang zur Burg jahrhundertelang sicherte, längst zugeschüttet. Ein schmiedeeisernes Tor steht heute vor dem Eingang zum ersten Burghof, der um die Mitte des 18. Jahrhunderts von Nikolaus Pacassi, dem Oberhofarchitekten der Kaiserin Maria Theresia, in einen Ehrenhof umgewandelt wurde. Den zweiten Burghof betritt man durch das nach seinem Auftraggeber Kaiser Matthias (1557–1619) benannte, einem Triumphbogen nachgebildete Matthiastor, von dem es heißt, durch dieses Tor habe »der Barock in Böhmen Einzug gehalten«. Zentrum der Anlage ist der dritte Burghof mit St.-Veits-Dom und Königspalast.

PRAGER BURG (PRAŽSKÝ HRAD)

Den Eingang zur Prager Burg flankieren ringende Giganten von Ignaz Franz Platzer (unten; oben rechts während der stündlichen Wachablösung der Burgwache). Kennzeichnend für die Anlage ist das Nebeneinander großartiger Sakralbauten (oben links die Reiterstatue des heiligen Georg vor dem St.-Veits-Dom), prachtvoller Herrscherpaläste und kleiner Häuser für das Wachpersonal im »Goldmachergässchen«.

PRAGER BURG: ST.-VEITS-DOM (CHRÁM SVATÉHO VÍTA)

Der Veitsdom ist bereits der dritte Kirchenbau an dieser Stelle auf der Prager Burg. Schon der später heiliggesprochene Herzog Wenzel (tschech. Václav) von Böhmen ließ hier im 10. Jahrhundert eine steinerne Rotunde errichten, um darin eine Armreliquie des frühchristlichen Märtyrers Vitus (deutsch: Veit) aufzubewahren. Auf diese Rotunde folgte eine dreischiffige romanische Basilika, mit deren Bau man im Jahr 1061 (Grundsteinlegung) unter Herzog Spytihněv II. begann. Den Grundstein für die ungleich größere gotische Kathedrale legte Karl IV. noch als Thronfolger am 21. November 1344, dem offiziellen Datum der Erhebung des im Jahr 973 gegründeten Prager Bistums zum Erzbistum. Hauptattraktion an der Südseite des Chors ist die bereits im 14. Jahrhundert errichtete »Porta aurea«, die »Goldene Pforte« (»Zlatá brána«), durch die bei den Krönungsfeierlichkeiten die Könige schritten.

PRAGER BURG: ST.-VEITS-DOM (CHRÁM SVATÉHO VÍTA)

Oben sieht man den Hauptturm an der zum Königspalast wie zur Stadt hin ausgerichteten Südseite, unten Fassadendetails sowie das über 80 Quadratmeter große, von venezianischen Meistern geschaffene Glasmosaik, nach dessen goldfarbenem Hintergrund die »Goldene Pforte« benannt ist. Das Mosaik zeigt eine Darstellung des Jüngsten Gerichts, auf der auch Karl IV., zum Gebet kniend, zu sehen ist.

PRAGER BURG: ST.-VEITS-DOM (CHRÁM SVATÉHO VÍTA)

Mit einer Außenlänge von 124 Metern, einer Breite im Querschiff von 60 Metern und einer Höhe im Mittelschiff von rund 33 Metern ist der Veitsdom nicht nur der größte und bedeutendste Sakralbau der Stadt, sondern auch eine der imposantesten gotischen Kathedralen Europas. Planung und Bauleitung lagen zunächst in den Händen des französischen Architekten Matthias von Arras (1290–1352), verantwortlich für den hohen Rang des Gotteshauses als »Schlüsselbau des 14. Jahrhunderts« (Norbert Nußbaum) ist aber sein deutscher Nachfolger Peter Parler (1330/1333–1399). Was die Bauform, den Grundriss und die Baumasse angeht, veränderte Parler die ersten Entwürfe entscheidend. Das heutige Erscheinungsbild der Kathedrale ist das Ergebnis einer fast 600 Jahre langen Baugeschichte. Zuletzt vollendet wurde die neogotische Westfassade mit ihren drei Bronzeportalen.

PRAGER BURG: ST.-VEITS-DOM (CHRÁM SVATÉHO VÍTA)

Angelegt wurde der Dom nach französischem Vorbild als dreischiffige Kathedrale mit Querschiff, Chorumgang und einem Kapellenkranz am Innenchor (unten ein Blick ins Langhaus). Den silbernen Reliquienaltar des heiligen Nepomuk im südlichen Chorumgang (oben) schuf der Wiener Goldschmied Johann Joseph Würth in den Jahren 1733 bis 1736 nach Entwürfen von Joseph Emanuel Fischer von Erlach.

PRAGER BURG: ST.-VEITS-DOM (CHRÁM SVATÉHO VÍTA)

Reformation, Gegenreformation und Dreißigjähriger Krieg verzögerten die Fertigstellung der Kirche, die jahrhundertelang eine Dauerbaustelle blieb. So ragten noch 1842 die Stützen des als monumentale dreischiffige Halle geplanten Langhauses in den Himmel, ehe sie den Vorarbeiten des neogotischen Ausbaus weichen mussten. Ebenfalls bis ins 19. Jahrhundert hinein klaffte über dem Glasmosaik an der »Goldenen Pforte« eine riesige Lücke – erst dann wurde ein großes Fenster eingesetzt. Erst im Geist der europäischen Romantik entwarf man neue Pläne für die Vollendung des Doms. Vorgelegt wurden diese 1844 von einer Gruppe um den Kanonikus Wenzel Michael Pešina, die sich ab 1859 »Dombauverein von St. Veit« nannte. 1861 begannen die Arbeiten, und am 28. September 1929, dem tausendsten Todestag des heiligen Wenzel, war mit der Fertigstellung der drei Westportale das Werk vollbracht.

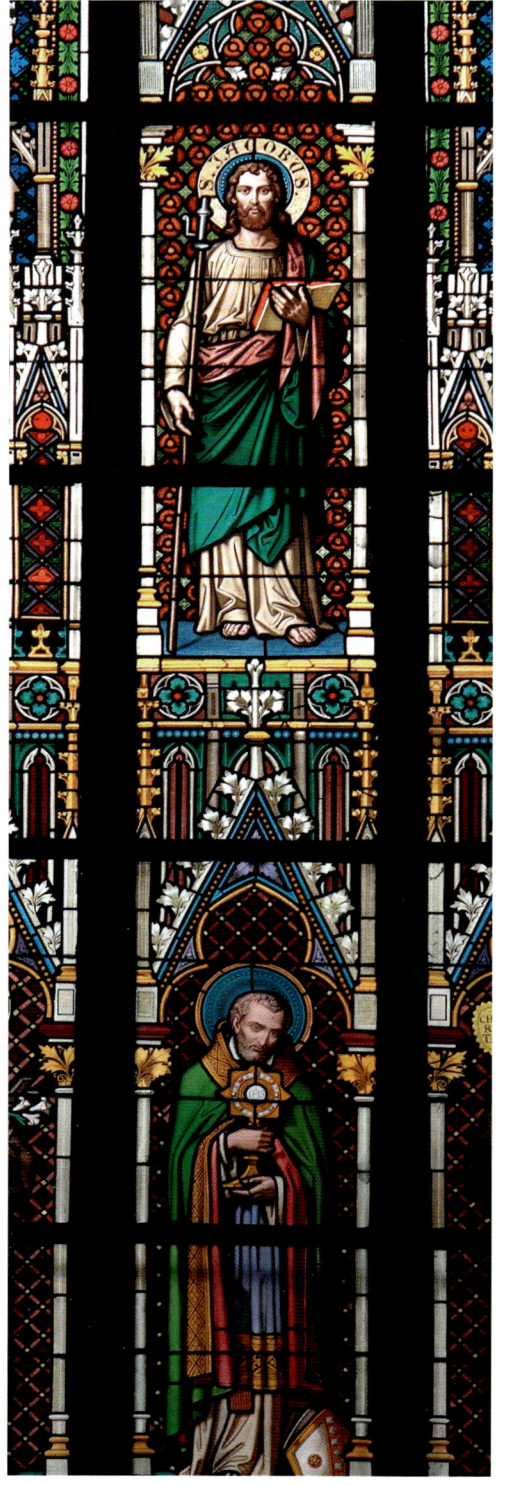

PRAGER BURG: ST.-VEITS-DOM (CHRÁM SVATÉHO VÍTA)

Für die Glasfenster des Veitsdoms lieferten namhafte zeitgenössische Künstler die Entwürfe. Ein besonderes Schmuckstück ist das »Fenster der Landespatrone« (unten rechts) in der erst im 20. Jahrhundert errichteten »Neuen Erzbischöflichen Kapelle«. Die Kartons dafür zeichnete Alfons Mucha, der hier in leuchtenden Farben Szenen aus dem Leben der »Slawenapostel« Kyrill und Method darstellte.

PRAGER BURG: ST.-VEITS-DOM (CHRÁM SVATÉHO VÍTA)

Das gesamte Bauwerk steht ganz im Zeichen des kaiserlichen Herrscheranspruchs. Karl IV. dürfte bereits an den Entwürfen beteiligt gewesen sein – das gilt auch für die auf quadratischem Grundriss angelegte, nach außen abgesetzte und quasi einen »Bau im Bau« darstellende Wenzelskapelle. Peter Parler errichtete die mit Halbedelsteinen und vergoldetem Stuck ausgekleidete Kapelle 1358 bis 1365 an jenem Ort, an dem zuvor die steinerne Rotunde gestanden hatte, die der heilige Wenzel errichten ließ und in der er auch selbst beigesetzt wurde. Für Karl war Wenzel nicht nur ein frühchristlicher Märtyrer, sondern auch der Gründer des böhmischen Staats. Indem Karl sich zu seinem Nachfolger (und seine Dynastie zu Nachfolgern der Přemysliden) stilisierte, verband er seinen Herrschaftsanspruch mit wichtigen Symbolen und Zeichen: mit einem »heiligen Auftrag« und historischer Kontinuität.

PRAGER BURG: ST.-VEITS-DOM (CHRÁM SVATÉHO VÍTA)

»So kostbar, wie es sich auf der ganzen Welt nicht findet«, sollte die Wenzelskapelle ausgestattet werden. Das bedeutendste Kunstwerk ist die wohl von Heinrich Parler, einem Neffen des Baumeisters, um 1373 aus Sandstein gemeißelte Statue des Heiligen auf dem Gesims über dem Altar (unten). Im Geschoss über der Kapelle liegt die Kronkammer mit den böhmischen Kroninsignien (oben links/rechts Krone und Reichsapfel).

HRADSCHIN

»HEILIGER WENZEL, HERZOG DES BÖHMISCHEN LANDES«

Zur sagenhaften Vorgeschichte der Stadt Prag gehört die Legende, wonach Libussa nicht nur visionär begabt, sondern auch auf der Suche nach einem kräftigen Ehemann war, um mit ihm stramme Thronfolger zu zeugen. Ihre Wahl soll auf einen Bauern namens Přemysl gefallen sein, nach dem auch die fortan mehrere Jahrhunderte lang herrschende Dynastie benannt wurde. Der erste historisch belegte Vertreter dieser Dynastie, Herzog Bořivoj (gest. um 894), verlegte den Sitz dieser Dynastie auf den Hradschin. Im Jahr 874 ließ er sich zusammen mit seiner Frau Ludmilla vom Slawenapostel Method(ius) taufen. Im Verlauf von Familienzwistigkeiten nach seinem Tod wurde seine Witwe ermordet. 921 übernahm ein Enkel von ihr die Regierung: Herzog Wenzel (um 903–929/935), der als fromm, gütig und weise geschildert wird. Er trieb die Einigung wie die Christianisierung des Landes voran, bis er aus nicht geklärten Gründen von seinem Bruder Boleslav ermordet, noch im 10. Jahrhundert heiliggesprochen und bald darauf kultisch verehrt wurde. Sein Grab auf der Prager Burg entwickelte sich zur Pilgerstätte. Ein Ausdruck der Verehrung des heiligen Wenzel als Märtyrer und historischer Landesvater ist der Hymnus »Svatý Václave, vévodo české země« (»Heiliger Wenzel, Herzog des böhmischen Landes«) – lange die inoffizielle Volkshymne.

»HEILIGER WENZEL, HERZOG DES BÖHMISCHEN LANDES«

Auch nach der Überführung seiner Gebeine in die Wenzelskapelle soll der Heilige noch Wunder gewirkt haben. Seit dem Jahr 2000 ist sein Namenstag, der 28. September, in Tschechien ein offizieller Staatsfeiertag. Oben sieht man den Heiligen auf einem Gemälde in der Burg Karlstein, unten von links auf einer mittelalterlichen Miniaturmalerei, einer historischen Flagge und als Reiterstandbild auf dem Wenzelsplatz.

PRAGER BURG: KÖNIGSPALAST (STARY KRÁLOVSKÝ PALÁC)

Vom frühen 12. Jahrhundert bis in die zweite Hälfte des 16. Jahrhunderts diente der dreigeschossige alte Königspalast dem jeweiligen Herrscher als Residenz. Prunkstück ist der in den Jahren 1493 bis 1503 von Benedikt Ried, dem aus dem österreichischen Piesting stammenden Hofbaumeister unter König Vladislav II., errichtete Vladislav-Saal. Aufgrund seiner enormen Ausmaße – Länge 62 Meter, Breite 16 Meter, Höhe 13 Meter – konnten darin nicht nur Märkte abgehalten, sondern sogar Reiterspiele und Turniere veranstaltet werden. Berühmt ist die »Reitertreppe«, deren flache Stufen den Zugang zu Pferde ermöglichte. Gehalten wird das stützenlose Gewölbe einzig von feinen, weit ins Innere des Raums reichenden Rippengewölben. An der östlichen Stirnseite führt ein Durchgang zur ursprünglich romanischen, ab dem Jahr 1370 von Peter Parler gotisch veränderten Allerheiligenkapelle.

PRAGER BURG: KÖNIGSPALAST (STARY KRÁLOVSKÝ PALÁC)

Im Vladislav-Saal (unten links und rechte Bildleiste oben; darunter die Alte Landrechtsstube und die Böhmische Kanzlei) fanden einst Krönungsfeierlichkeiten statt. Heute werden hier die Staatspräsidenten der Tschechischen Republik vereidigt. Im ersten Stock des Königspalastes befinden sich die mit Landeswappen bemalten »Räume der Landtafeln« (oben rechts; oben links ein Blick in die Allerheiligenkapelle).

PRAGER BURG: ST.-GEORGS-BASILIKA (BAZILIKA SVATÉHO JIŘÍ)

Dass die zweitürmige St.-Georgs-Basilika an der Nordseite des Georgsplatzes der älteste erhaltene Kirchenbau auf dem Areal der Prager Burg ist, würde man angesichts ihrer um das Jahr 1670 vorgeblendeten Barockfassade zunächst nicht vermuten. Schreitet man aber durch das Portal, öffnet sich ein dreischiffiger Bau, dessen romanisches Gepräge bei Renovierungen weitgehend wiederhergestellt wurde. Gestiftet wurde die Kirche um das Jahr 920 von Fürst Vratislav I., dem Vater des heiligen Wenzel, wohl als Grablege der Přemysliden. An der Nordseite der Basilika schließt sich das gleichnamige Benediktinerinnenkloster an, in dem sich eine Dependance der Nationalgalerie befindet. Gegründet wurde es nach der Erhebung Prags zum Bischofssitz (973) von Herzog Boleslav II., genannt der Fromme, und seiner Schwester Mlada, der ersten Äbtissin des 1782 aufgelösten Klosters.

PRAGER BURG: ST.-GEORGS-BASILIKA (BAZILIKA SVATÉHO JIŘÍ)

Hinter der barocken Schauseite (oben) der St.-Georgs-Basilika verbirgt sich der bedeutendste romanische Sakralbau der Stadt. Unten links ein Blick in den Innenraum der dreischiffigen Flachdeckenbasilika mit erhöhtem Chorquadrat und drei halbkreisförmigen Apsiden; rechts der Eingang zur ebenfalls dreischiffigen, fast quadratischen Säulenkrypta, in der ein wertvolles Steintriptychon (um 1220) aufbewahrt wird.

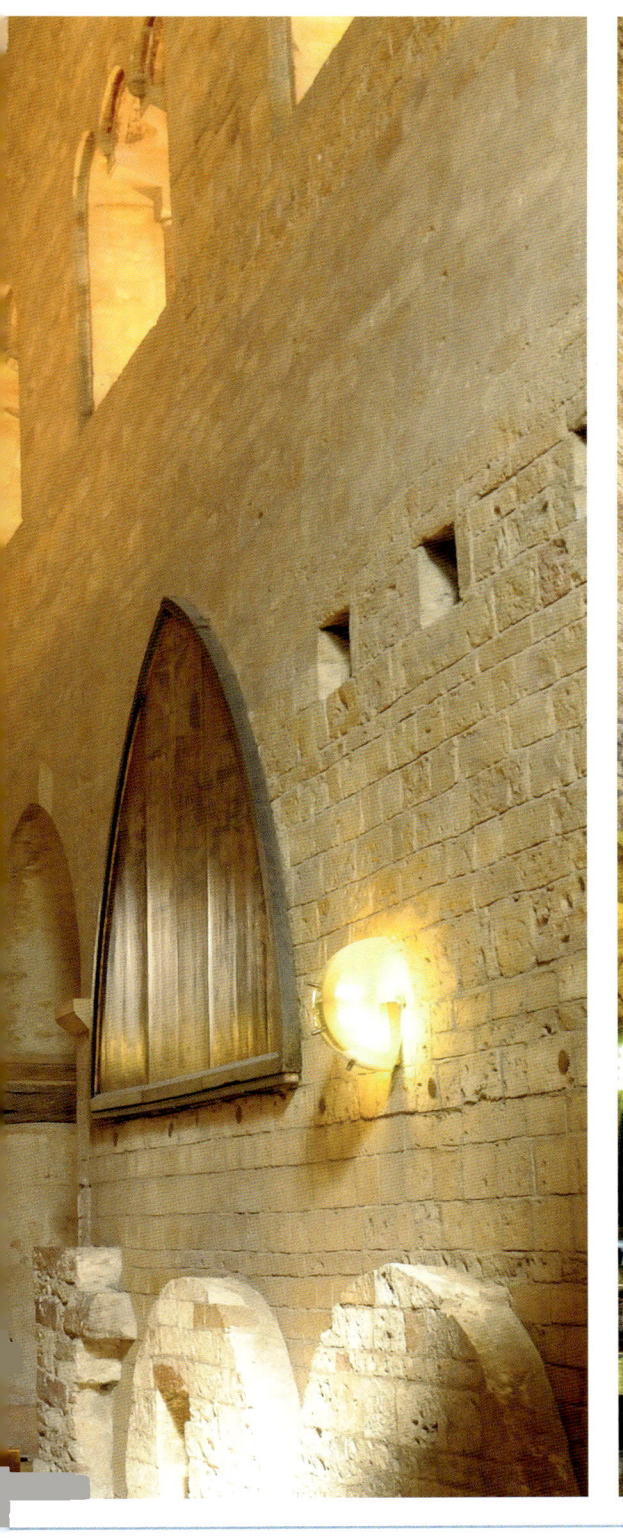

PRAGER BURG: GOLDENES GÄSSCHEN (ZLATÁ ULIČKA)

Der Legende nach soll Kaiser Rudolf II. (1552 bis 1612), der in Prag einen großen Hofstaat unterhielt und permanent in finanziellen Schwierigkeiten war, in den elf winzigen, bunt gestrichenen Häusern des parallel zur Burgmauer verlaufenden Gässchens alchimistische Labors eingerichtet haben, um darin Blei in Gold verwandeln zu lassen. Deshalb sprach man auch vom »Goldmachergässchen«. Solche Versuche gab es damals tatsächlich – die entsprechenden Laboratorien waren aber im Mihulka-Turm untergebracht, in dem die Alchimisten auch wohnten. Die um das Jahr 1540 in die Bögen der Wehrmauer gebauten Häuschen des Goldenen Gässchens dienten zunächst den Burgwachen als Quartier, bis später Handwerker und arme Leute darin einzogen. Im Haus Nummer 22 hatte Franz Kafka zeitweise ein Arbeitszimmer gemietet. Zuletzt wurde das Goldene Gässchen 2010/2011 restauriert.

PRAGER BURG: GOLDENES GÄSSCHEN (ZLATÁ ULIČKA)

In seinem Roman »Der Golem« schildert Gustav Meyrink ein Haus in der »Alchimistengasse« (unten links; rechts ein Musikgeschäft), das nur Sonntagskinder, und auch die nur bei Nebel, sehen können. Nahe dem letzten Haus an der Ostseite steht der 1496 von Benedikt Ried errichtete Wehrturm (oben), der auch als Gefängnis genutzt und nach seinem ersten Insassen, dem Edelmann Dalibor von Kozojedy, benannt wurde.

KLASSIKER DER LITERARISCHEN MODERNE: FRANZ KAFKA

»Man konnte Kafka oft allein begegnen, in den Straßen, in den Gartenanlagen Prags. Er war nicht im Geringsten alteriert, wenn man sich ihm zugesellte. Er vermied es gern, von sich zu sprechen, und war, wenn man erzählte, ganz Ohr … Er war vieler Leute Freund, wiewohl er nur ganz wenigen gestattete, seine Freunde zu sein« (Rudolf Fuchs). Als Franz Kafka (1883–1924) an Tuberkulose starb, wussten nur einige Freunde und Literaturkenner, dass der promovierte Jurist, der in seiner Heimatstadt bei einer Versicherung angestellt gewesen war, sich in seiner freien Zeit leidenschaftlich der Schriftstellerei gewidmet hatte. Nur eine Handvoll seiner Texte war erschienen; meist kürzere Erzählungen, die beunruhigend oder gar verstörend wirkten wie »Die Verwandlung«, in der ein Handlungsreisender über Nacht zum Rieseninsekt wird. Seinen Freund Max Brod (1884–1968) hatte Kafka angewiesen, alle seine Manuskripte nach seinem Tod »ungelesen« zu vernichten. Der hielt sich aber nicht daran, sondern begann, sie für die Publikation vorzubereiten: So verhalf er dem Autor posthum zu Weltruhm. Kafka, »in dessen Werk das von Angst und Unruhe bestimmte Seinsgefühl des Menschen im 20. Jahrhundert in unvergleichlicher Weise eingefangen zu sein scheint« (Michael Müller), avancierte zu »dem« Klassiker der literarischen Moderne.

KLASSIKER DER LITERARISCHEN MODERNE: FRANZ KAFKA

»... ich trage mir das Abendessen hinauf und bin dort meistens bis Mitternacht«, berichtete Kafka seiner langjährigen Verlobten Felice Bauer über seine zeitweilige Dichterklause im Haus Nr. 22 des Goldenen Gässchens (unten). Bis heute ist der Autor in seiner Heimatstadt allgegenwärtig – vor allem natürlich in Form seines literarischen Werks, aber auch als Souvenir (oben ein »Kafka in Prag« illustrierendes Puzzle).

PRAGER BURG: SCHLOSS BELVEDERE (KRÁLOVSKÝ LETOHRÁDEK)

Nahezu der gesamte Hradschin wird von parkähnlichen Grünanlagen umzogen wie dem Paradiesgarten, dem Wallgarten und dem Basteigarten. Von der nordwestlichen Ecke der Burg aus gelangt man am Hirschgraben vorbei, in dem einst Rotwild für die Jagdvergnügungen der Herrscher gezüchtet wurde, in den ab 1534 nach Plänen von Giovanni Spatio von dem Gärtner Francesco geschaffenen Königlichen Garten. Ferdinand I. (1503–1564), der erste Habsburger auf dem böhmischen Thron, ließ darin für seine Gattin, Anna von Böhmen und Ungarn (1503–1547), ab 1538 ein Lustschloss errichten, das auch Belvedere (»Schöne Aussicht«) genannt wird. Vorbild dieses als herausragendes Beispiel für die Umsetzung der italienischen Renaissance nördlich der Alpen gerühmten Baus war das mehr als hundert Jahre zuvor von Brunelleschi errichtete Findelhaus (Ospedale degli Innocenti) in Florenz.

PRAGER BURG: SCHLOSS BELVEDERE (KRÁLOVSKÝ LETOHRÁDEK)

Der von böhmischen Erzgießern – allen voran Tomáš Jaroš – ausgeführte »Singende Brunnen« (unten rechts) an der Westseite des Königlichen Gartens verdankt seinen Namen dem Klang der in den Bronzeschalen auftreffenden Wasserstrahlen. Die Entwürfe für das Schloss (oben) zeichnete Paolo della Stella; vollendet wurde die Anlage nach dessen Tod 1552 von Hans Tirol und Bonifaz Wolmut (unten links das Große Ballhaus).

HRADSCHINER PLATZ (HRADČANSKÉ NÁMĚSTÍ)

»Hradschin« ist nicht nur der Name des Hügels, auf dem sich die Prager Burg befindet, sondern auch jener der westlich an die Burg angrenzenden Vorstadt. Gegründet wurde diese um 1320 unter Johann von Luxemburg auf Betreiben der Burggrafen zu Prag. Zunächst gehörte dazu nicht viel mehr als der heutige Hradschiner Platz, bis die Vorstadt unter Karl IV. erweitert und mit einem Mauerring umgeben wurde. Über den Hradschiner Platz führte einst der Krönungsweg der böhmischen Könige, 1547 wurden hier die Anführer der gescheiterten Ständeerhebung gegen Ferdinand I. hingerichtet. Nach dem großen Brand im Jahr 1541, der die Kleinseite vernichtet und sich bis zum Burgviertel ausgebreitet hatte, mussten alle Bürgerhäuser am Hradschiner Platz neuen Wohnhäusern und Palästen weichen, die Adel und Klerus hier zunächst im Renaissance-, später im Barockstil errichten ließen.

HRADSCHINER PLATZ (HRADČANSKÉ NÁMĚSTÍ)

»Der Platz vor der königlichen Burg in Prag sieht trotz der ärmlichen Allee, welche ihn überquert, sehr vornehm aus. Das macht: er ist ganz von Palästen umrahmt« (Rainer Maria Rilke). Am schönsten ist das Erzbischöfliche Palais an der Nordseite des Platzes (unten; oben im Detail), über das Rilke weiter schrieb, es wache »in etwas protziger Pose … über die kleinen Wohnhäuser der Prälaten und Domherren«.

HRADSCHINER PLATZ (HRADČANSKÉ NÁMĚSTÍ)

Die Südseite des Platzes wird vom mächtigen Palais Schwarzenberg (Schwarzenberský palác) dominiert, das 1545 bis 1563 im Auftrag von Johann Graf Lobkowitz errichtet wurde und später durch Heirat in den Besitz der Familie Schwarzenberg überging. Baumeister der dreiflügeligen Anlage war Augustin Vlach (Agostino Galli), ein Italiener, der die Fassade in Sgraffito-Manier verzieren ließ: Dabei ritzt man in eine dünne Deckschicht aus Mörtel Linien oder Figuren, sodass eine darunter liegende, meist anders eingefärbte Mörtelschicht sichtbar wird. Während im Palais Schwarzenberg eine Dependance der Nationalgalerie untergebracht ist, gehört das ähnlich mächtige Palais Toscana (Toskány palác) an der westlichen Schmalseite des Platzes nun zum Außenministerium der Tschechischen Republik. Ab dem Jahr 1718 war es im Besitz der habsburgischen Großherzöge der Toskana – daher der Name.

HRADSCHINER PLATZ (HRADČANSKÉ NÁMĚSTÍ)

Auf dem Hradschiner Platz umweht einen die Vergangenheit »aus dem grünlichen Dunkel der weitläufigen Gärten mit ihrem dichten Laub. Sie umhüllt dich im Halbdunkel eines Portals, im Vestibül eines Palastes« (Jiří Karásek). Unten sieht man das Palais Schwarzenberg mit Ferdinand Maximilian Brockoffs im Jahr 1726 aufgestellter Mariensäule (rechts im Bild); oben die Fassade des Palais Toscana.

SAMMLUNGEN DER NATIONALGALERIE AUF DEM HRADSCHIN

Die Nationalgalerie Prag (Národní galerie v Praze) müsste man genaugenommen als »tschechische Nationalgalerie mit Sitz in Prag« bezeichnen. Ihre Existenz verdannkt sie einer mehrheitlich aus böhmischen Adeligen und wohlhabenden Großbürgern bestehenden »Vereinigung patriotischer Freunde der Kunst«, die sich im Jahr 1796 konstituierte und eine Gemäldegalerie gründete, deren Bestand im Lauf der Jahre immer mehr wuchs. Seit 1804 öffentlich zugänglich, ist die Prager Galerie die zweitälteste in Europa (nach dem 1793 als Museum eröffneten Louvre in Paris). 1902 um eine Stiftung von Kaiser Franz Joseph I. bedeutend erweitert und seit 1918 als »Nationalgalerie« in staatlichem Besitz, verteilen sich ihre Sammlungen heute auf mehrere Gebäude in der Stadt. Auf dem Hradschin findet man im St.-Georgs-Kloster Exponate zur Kunst des 19. Jahrhunderts, wobei der Schwerpunkt auf Werken einheimischer Maler und Bildhauer liegt. Zwei weitere Sammlungen findet man am Hradschiner Platz: Alte europäische Kunst von der Antike bis zum Barock präsentiert das Palais Sternberg, vorwiegend dem böhmischen Barock zuzuordnende Werke sind im Palais Schwarzenberg untergebracht. Insgesamt umfassen die Sammlungen rund 14 000 Gemälde, 7600 Plastiken, 243 000 Grafiken, 61 000 Zeichnungen und 12 000 Exponate orientalischer Kunst.

SAMMLUNGEN DER NATIONALGALERIE AUF DEM HRADSCHIN

Ein nicht nur in materieller Hinsicht besonders wertvolles Gemälde der Nationalgalerie ist Albrecht Dürers »Rosenkranzfest« von 1506 im Palais Sternberg (unten; oben die Gemäldesammlung im Palais Schwarzenberg). Dürer verewigte sich selbst am rechten Bildrand mit einem Zettel in der Hand, dessen Inschrift ihn als Urheber dieses für die Kirche San Bartolomeo in Venedig geschaffenen Altarbildes ausweist.

LORETOHEILIGTUM (LORETA)

Diese Wallfahrtsstätte zeugt von der Marienverehrung, die 1620 nach dem Sieg der Katholiken in der Schlacht am Weißen Berg in Böhmen einen gewaltigen Aufschwung erlebte. Man glaubte nämlich, der Triumph der »Rechtgläubigen« über die Protestanten sei der Hilfe der Muttergottes zu verdanken. Das Marienheiligtum auf dem Hradschin wurde im Jahr 1626 von der Gräfin Benigna Katharina von Lobkowitz gegründet und von den Mönchen des benachbarten Kapuzinerklosters betreut. Als Baumeister beauftragte man den aus Como stammenden Giovanni Battista Orsi. Den geistigen Mittelpunkt der im Jahr 1631 vollendeten Anlage bildet die Santa Casa – eine Kopie des »Originals« im Wallfahrtsort Loreto bei Ancona, in dem die Jungfrau Maria der Legende nach vier Jahre lang gelebt haben soll, ehe es 1294 zum Schutz vor Ungläubigen von vier Engeln nach Italien gebracht wurde.

LORETOHEILIGTUM (LORETA)

Die Santa Casa (im Bild oben links) verbirgt sich im Innenhof eines barocken Gebäudegevierts – in der Mitte des 1634, drei Jahre nach der Fertigstellung dieses Nachbaus vollendeten, 1740 um ein Stockwerk erhöhten Kreuzgangs. Christoph Dientzenhofer und sein Sohn Kilian Ignaz entwarfen für die Wallfahrtsstätte am Loretoplatz (Loretánské náměsti) eine nach dem Jahr 1721 entstandene einheitliche Schaufront (unten).

REFORMATION UND GLAUBENSKRIEGE

Schon vor Martin Luther gab es in Böhmen Bestrebungen zur Reformation der Kirche. Den Anstoß dazu gab Jan Hus (um 1369–1415), ein Theologe – zeitweise auch Rektor der Karlsuniversität –, der unter dem Einfluss des englischen Theologen und Kirchenreformers John Wycliffe (1320–1348) das prächtige Leben des Klerus anprangerte. Zudem geißelte er in Predigten in tschechischer Sprache den Verkauf von Ablasszetteln und wetterte gegen die hierarchischen Strukturen des Klerus. Dafür wurde er auf dem Konzil von Konstanz verbrannt, was ihn in den Augen seiner Anhänger zum Märtyrer machte. Vier Jahre später, 1419, löste der »Erste Fenstersturz« beim Neustädter Rathaus die »Hussitenkriege« aus – auch ein Nationalitätenkonflikt, bei dem reformatorisch eingestellte Tschechen gegen die – die Oberschicht stellenden – »Deutschböhmen« um Gleichberechtigung kämpften. Fast genau zwei Jahrhunderte später, als Böhmen den katholischen Habsburgern unterstand, war ein großer Teil der Adeligen des Landes protestantisch. Als Matthias I. die Religionsfreiheit immer stärker beschnitt, warfen einige von ihnen drei katholische Beamte aus einem Fenster der Hofkanzlei. Dieser »Zweite Prager Fenstersturz« (1618) bildete den Auftakt zu einer Erhebung der böhmischen Protestanten und zum Dreißigjährigen Krieg.

REFORMATION UND GLAUBENSKRIEGE

Der »Zweite Prager Fenstersturz« am 23. Mai 1618 (unten eine 1889 entstandene Fotogravüre nach einem Gemälde von Wenzel von Brozik) gilt als Auslöser des Dreißigjährigen Krieges (1618 bis 1648). Berühmt wurde in diesem Zusammenhang die Schlacht am Weißen Berg (bei Prag), bei der die Truppen der Katholischen Liga den Aufständischen eine vernichtende Niederlage zufügten (oben ein Gemälde von Pieter Snayers).

NOVÝ SVĚT, POHOŘELEC

Zwei Areale markieren den nördlichen und südlichen Teil der Hradschin-Vorstadt. Am nördlichen Rand liegt Nový Svět, eine erst im 16. Jahrhundert entstandene, pittoresk verwinkelte Ansiedlung, deren euphemistischer Name (»Neue Welt«) nicht darüber hinwegtäuschen sollte, dass dies einst ein Elendsviertel war. Am südlichen Rand markiert der unterhalb der Burg von Osten nach Westen führende Hohle Weg (Úvoz) die Grenze zum Strahover Klosterbezirk. Im oberen Drittel gabelt sich dieser Weg und führt in südlicher Richtung direkt zum Kloster Strahlev, in nördlicher zum Pohořelec, dem zentralen Platz des gleichnamigen, ab dem Jahr 1375 entstandenen Areals. »Pohořelec« bedeutet »Brandstätte« – tatsächlich wurde diese Gegend im Lauf der Geschichte gleich mehrfach eingeäschert; zuletzt 1742, als Prag im Zusammenhang mit dem Österreichischen Erbfolgekrieg belagert wurde.

NOVÝ SVĚT, POHOŘELEC

Hier »wohnt man nur auf Abbruch oder Widerruf, wiewohl auf historischem Boden«, meinte Franz Werfel. Heute präsentiert sich die Hradschin-Vorstadt als reizvolle Mischung aus schlichten kleinen Häusern, in denen auch viele Souvenirshops untergebracht sind, sowie einigen Prachtbauten. Obwohl die meisten Häuser im 18. oder 19. Jahrhundert verändert wurden, scheint die Zeit hier schon früher stehen geblieben zu sein.

HRADSCHIN

KLOSTER STRAHOV (STRAHOVSKÝ KLÁŠTER)

Der Name dieses im Jahr 1143 gegründeten Prämonstratenserklosters bedeutet so viel wie »Wächter« – in der Tat war dies einst nicht nur ein Ort, an dem man des Herrgotts in stiller Kontemplation gedachte, sondern auch eine Wehranlage, welche die Prager Burg im Osten zusätzlich schützte. Im Lauf ihrer langen Geschichte wurde diese Anlage durch Brände oder Kriegseinwirkungen mehrfach verwüstet, aber jedes Mal prächtiger als zuvor wiederaufgebaut. Ihre heutige Gestalt erhielt sie erst gegen Mitte des 18. Jahrhunderts. Auch die Klosterkirche St. Mariä Himmelfahrt, ursprünglich eine dreischiffige romanische Basilika, wurde einer Barockisierung unterzogen, die um das Jahr 1750 herum ihren Abschluss fand. Stolz verweist man vor Ort darauf, dass Wolfgang Amadeus Mozart anlässlich eines Pragaufenthalts im Jahr 1787 auf der Orgel der Kirche gespielt hat.

KLOSTER STRAHOV (STRAHOVSKÝ KLÁŠTER)

Der im Jahr 1120 von Norbert von Xanten als Reformgemeinschaft gegründete Prämonstratenserorden entstand in einer Zeit, als viele meinten, die Kirche habe sich zu weit vom Geist der Evangelien entfernt. Zu den wertvollsten Handschriften des Klosters (oben eine Außenansicht, unten der Theologische Bibliothekssaal und das Deckenfresko im Sommerrefektorium) zählt das Strahover Evangeliar (9./10. Jahrhundert).

AUTOR, BÜRGERRECHTLER, STAATSPRÄSIDENT: VÁCLAV HAVEL

»Danke, Václav«, lautete eine Aufschrift auf einem Transparent, als mehr als 10 000 Menschen dem im Dezember 2011 gestorbenen »Dichterpräsidenten« bei einem Trauerzug durch die Prager Innenstadt die letzte Ehre erwiesen. Václav Havel, 1936 in Prag geboren, hatte sich nicht nur als Schriftsteller einen Namen gemacht, sondern auch als Bürgerrechtler und Kritiker des kommunistischen Regimes. Sein Engagement etwa im Vorfeld des »Prager Frühlings«, als der Versuch, einen »Sozialismus mit menschlichem Antlitz« zu errichten, im August 1968 von den einmarschierenden Truppen des Warschauer Paktes im Keim erstickt wurde, brachte ihm mehrere Haftstrafen ein. Dennoch gehörte er als Initiator der Bürgerrechtsbewegung »Charta 77« auch zu den Wegbereitern der »Samtenen Revolution«, die im Jahr 1989 zum Sturz der alten Regierung führte. Im Dezember desselben Jahres wurde er von Vertretern der Föderalversammlung zum Staatspräsidenten ernannt und im Juli 1990 bei den ersten freien Wahlen seit mehr als 40 Jahren in diesem Amt bestätigt: Von 1993, als die Slowakei zum autonomen Staat wurde, bis 2003 war Havel Präsident der Tschechischen Republik. Unvergessen bleibt sein (1989 bei einer Demonstration auf dem Wenzelsplatz formuliertes) Vermächtnis: »Die Wahrheit und die Liebe siegen über Lüge und Hass.«

AUTOR, BÜRGERRECHTLER, STAATSPRÄSIDENT: VÁCLAV HAVEL

»Das Gesicht der tschechischen Freiheit« (»Die Zeit«): Václav Havel erhielt im Jahr 1989 den Friedenspreis des Deutschen Buchhandels; im selben Jahr wurde er als Mitbegründer und Sprecher des Bürgerforums eine der Symbolfiguren der »Samtenen Revolution« und des demokratischen Umbaus. Unten sieht man ihn in seinem Prager Büro und auf dem Balkon der Burg, oben bei einer Signierstunde in New York.

HRADSCHIN

KLEINSEITE (MALÁ STRANA)

Bereits im 8. Jahrhundert entstand zu Füßen des Burghügels eine Ansiedlung, die um die Mitte des 13. Jahrhunderts so stark angewachsen war, dass sie 1257 das Stadtrecht verliehen bekam. Im Unterschied zur Altstadt auf der anderen Moldauseite bezeichnete man diese als »civitas minor pragensis«, als »kleinere Prager Stadt«, worauf der bis heute gebräuchliche Name »Kleinseite« zurückgeht. Eine Furt und später eine Brücke stellten die Verbindung zwischen ihr und der Altstadt her. Durch Brände mehrfach zerstört, präsentierte sie sich nach jedem Wiederaufbau prachtvoller als zuvor.

Blick auf die Karlsbrücke mit den Türmen der Kleinseite, »deren stille, verschwiegene Gassen voll poetischer Winkel« Jan Neruda in seinen »Kleinseitner Geschichten« beschrieb. »Häuser wie Menschen«, meinte er, hätten hier »etwas Würdiges, ... auch Verschlummertes« an sich.

KLEINSEITE

DER FLUSS, DER KÖNIG, SEINE FRAU UND IHR LIEBHABER

Die Hauptquellen der Moldau liegen im Böhmerwald und im Bayerischen Wald. Nach knapp 440 Kilometern mündet sie beim mittelböhmischen Melnik in die Elbe, die sie als einzigen Fluss Böhmens mit der Nordsee verbindet. Untrennbar verbunden mit der Moldau und Prag ist das Schicksal des böhmischen Priesters Johannes Nepomuk, unter Wenzel IV. erzbischöflicher Vikar der Burg, der im Jahr 1393 lieber die Qualen der Folter auf sich nahm, als dem eifersüchtigen König den Liebhaber seiner Frau Sophie zu verraten, deren Beichtvater er war. Nepomuk überlebte die Folter nicht, und so ließ der erzürnte König den verstümmelten Leichnam in der finsteren Nacht des 20. März von der Brücke in den Fluss stürzen. Darüber, was nach dem Brückensturz geschah, kennt die Legende zwei Version. In jedem Fall aber handelt es sich um ein Wunder: So soll die Leiche nach der einen Version gefunden worden sein, weil die Moldau urplötzlich austrocknete. Nach der anderen hatte die Königin eine Vision, in der ihr fünf funkelnde Sterne (für die fünf lateinischen Buchstaben »tacui« – »ich habe geschwiegen«) den Fundort verrieten. Um 1400 wurde Nepomuks Leichnam in den Veitsdom überführt, 1719 will man bei einer Exhumierung dessen Zunge unversehrt gefunden haben; 1729 erfolgte die Heiligsprechung durch Papst Benedikt XIII.

DER FLUSS, DER KÖNIG, SEINE FRAU UND IHR LIEBHABER

»Böhmisches Meer« wird die Moldau auch genannt. Vom Süden her kommend, fließt sie in nördlicher Richtung durch Prag und weiter in einer großen, die Altstadt umschließenden Ostschleife. Fünfzehn größere Brücken überqueren sie im Stadtgebiet, auf Höhe der Innenstadt liegen mehrere durch Anschwemmung entstandene Inseln. Im Winter finden hier und an den Ufern der Moldau viele Wasservögel Zuflucht.

KLEINSEITE

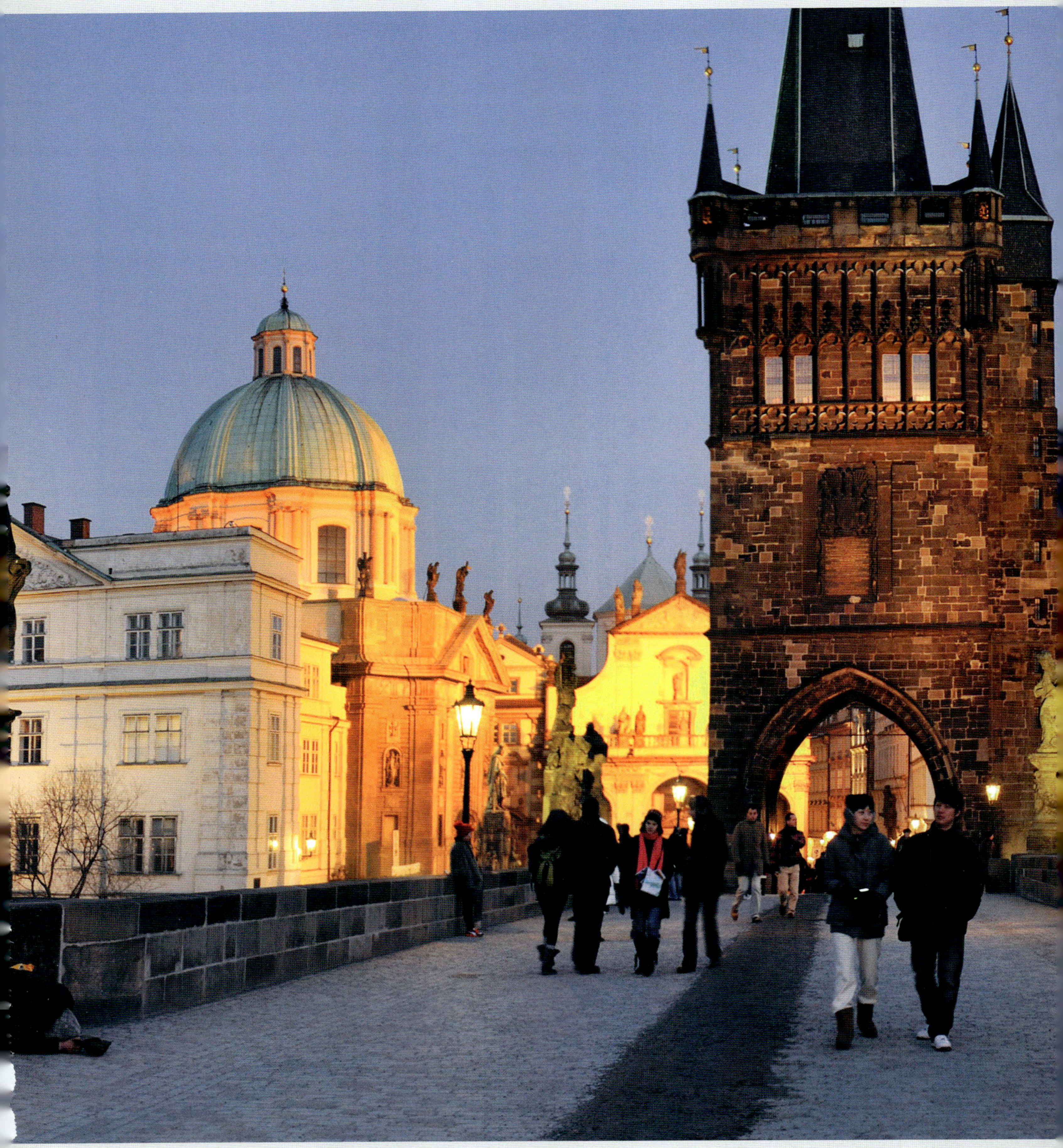

KARLSBRÜCKE (KARLŮV MOST)

KARLSBRÜCKE (KARLŮV MOST)

In den Jahren 1158 bis 1172 ließ König Vladislav II. anstelle einer älteren, vom Hochwasser fortgerissenen Holzbrücke die erste Steinbrücke über die Moldau im Gebiet des heutigen Prag errichten. Benannt wurde sie nach der zweiten Frau des Königs, Judith von Thüringen. Auch diese steinerne Judithbrücke wurde bei einem Hochwasser so stark beschädigt, dass Karl IV. den Bau einer weiteren Brücke anordnete, die ab dem Jahr 1357 errichtet wurde. Um dieses neue, nach seinem architektonischen Vorbild in Regensburg – wo Vladislav II. übrigens gekrönt worden war – schlicht »Steinerne Brücke« genannte, knapp 520 Meter lange und zehn Meter breite Bauwerk so solide wie möglich zu errichten, stellte man es auf insgesamt 16 Pfeiler. Diese Pfeiler ruhen auf gewaltigen, wie Schiffsrümpfe geformten Fundamenten, die auch Schutz vor im Wasser treibenden Eisschollen oder Baumstämmen bieten sollen.

KARLSBRÜCKE (KARLŮV MOST)

Am 9. Juli 1357, und zwar exakt um 5.31 Uhr, legte Karl IV. den Grundstein für das erst ab 1870 nach ihm benannte Bauwerk. Datum und Zeit wurden keineswegs dem Zufall überlassen, sondern von den königlichen Hofastrologen als idealer Zeitpunkt bestimmt. Dabei spielte auch die Zahlenmagie eine gewisse Rolle: Die Zahlenfolge 1357, 9, 7, 5, 31 bildet eine symmetrisch auf- und absteigende Linie.

KLEINSEITE

KARLSBRÜCKE (KARLŮV MOST)

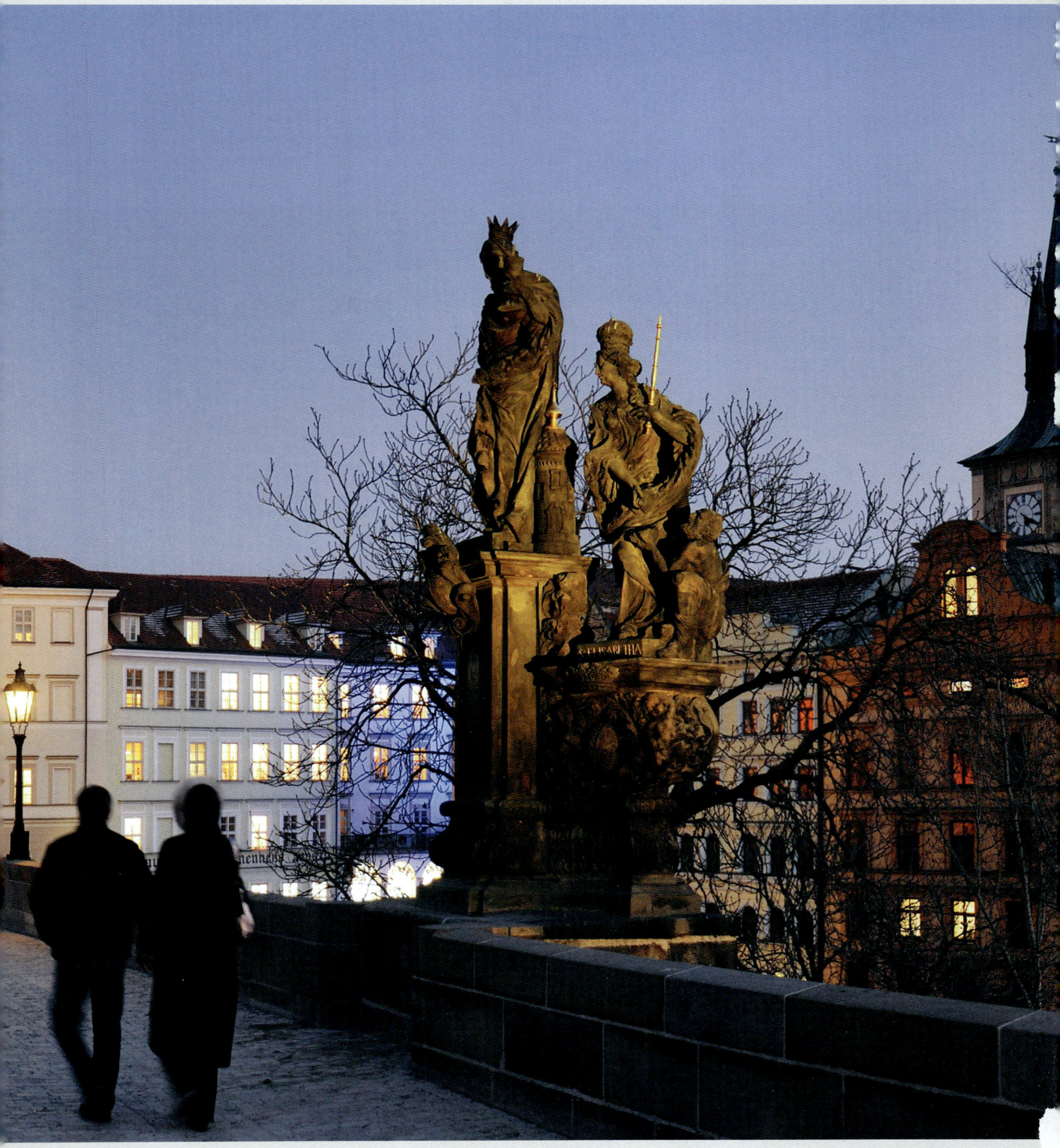

KARLSBRÜCKE (KARLŮV MOST)

Mit Ausnahme eines bereits im 14. Jahrhundert aufgestellten Kruzifixes gab es bis zum letzten Drittel des 17. Jahrhunderts auf der Karlsbrücke keinerlei plastischen Schmuck. Erst danach entwickelte sich die Brücke zur »Skulpturenbühne«. Dass die meisten dieser insgesamt dreißig zu beiden Seiten der Brücke aufgestellten Skulpturen mittlerweile durch Kopien ersetzt wurden, ändert nichts am Reiz dieses vorwiegend barocken, auch in einem interessanten Kontrast zur gotischen Brückenarchitektur stehenden Ensembles. Den Anfang machte 1683 die Figur des Johannes Nepomuk, dessen Haupt in Anspielung auf seine Heiligenlegende von fünf Sternen umkränzt ist; 1938 kamen die Heiligen Kyrill und Method als letzte Gruppe hinzu. Die Mehrzahl der in einer Art inszenatorischem Wettstreit von Klöstern, Ratsherrn und der Universität gestifteten Skulpturen wurden im 18. Jahrhundert aufgestellt.

KARLSBRÜCKE (KARLŮV MOST)

Die meisten Originale der »Skulpturenbühne« (oben) befinden sich heute im Lapidarium des Nationalmuseums und auf dem Vyšehrad, dem zweiten, südlichen Burghügel der Stadt. Das ursprüngliche Bronzekruzifix aus dem 14. Jahrhundert wurde 1629 ersetzt; 1666 fügte man ihm zwei Figuren hinzu, die 1861 durch die heutigen Statuen der Jungfrau Maria und des Evangelisten Johannes ersetzt wurden (unten).

KLEINSEITE

KARLSBRÜCKE (KARLŮV MOST)

An ihren beiden Enden wird die Karlsbrücke von Brückentürmen abgeschlossen: im Westen von den beiden Kleinseitner Brückentürmen und im Osten vom Altstädter Brückenturm. Den jüngeren, höheren der Kleinseitner Brückentürme ließ König Georg von Podiebrad 1464 an der Stelle eines romanischen Vorläuferbaus errichten; 1879 bis 1883 wurde er »regotisiert«. Der niedrigere Turm entstand im letzten Viertel des 12. Jahrhunderts und gehörte einst zur früheren Judithbrücke. Auch er wurde, 1591, umgestaltet. Das zinnenbewehrte Tor zwischen den beiden Türmen entstand wohl zeitgleich mit dem Bau der Karlsbrücke. Der ab dem Jahr 1357 errichtete Altstädter Brückenturm ist ein Werk Peter Parlers und gilt, vor allem wegen des (teilweise erst von Parlers Nachfolgern vollendeten, an der Ostseite weitgehend noch erhaltenen) Figurenschmucks als herausragendes Zeugnis gotischer Profankunst.

KARLSBRÜCKE (KARLŮV MOST)

Der niedrigere und ältere der beiden Kleinseitner Brückentürme wird auch »Judithturm« genannt, nach der Judithbrücke, dem steinernen Vorläufer der Karlsbrücke. Auf dem Bild unten erkennt man zwischen den Kleinseitner Türmen den Turm und die Kuppel der Nikolauskirche. Zugleich wird deutlich, dass der höhere der beiden Türme offensichtlich als architektonisches Pendant zum Altstädter Brückenturm (oben) gedacht war.

DER KAISER UND SEINE STADT: KARL IV.

Karl IV. (1316–1378) stammte aus dem Haus Luxemburg – einem deutschen Fürstengeschlecht, das neben den Habsburgern die meisten römisch-deutschen Könige des Spätmittelalters stellte. Getauft auf den Namen Wenzel, war er der Sohn von Johann von Luxemburg, dem König von Böhmen (1311–1346), und dessen aus dem Přemyslidengeschlecht stammender Gattin Elisabeth, der zweitältesten Tochter von König Wenzel II. Im Jahr 1346 wurde Karl IV. zum römisch-deutschen König ernannt, ein Jahr darauf zum König von Böhmen; ab 1355 war er römisch-deutscher Kaiser. In Prag geboren (und gestorben), liebte Karl IV. »seine« Stadt, die mit rund 40 000 Einwohnern damals eine der größten in Europa war. Er förderte sie nach Kräften, machte sie zum politischen, kulturellen und wirtschaftlichen Zentrum des Heiligen Römischen Reichs. Beim Papst konnte er die Erhebung Prags zum Erzbistum erwirken, auf dem Hradschin legte er den Grundstein für den Veitsdom. Ein für die damalige Zeit geradezu kühnes städtebauliches Projekt war um das Jahr 1348 die Anlage der sogenannten Neustadt, die Wohnraum vor allem für kleinere Händler, Handwerker und Tagelöhner schuf. Auf dem zentralen Platz dort, der heute Karlsplatz heißt, ließ der Herrscher jedes Jahr am Fronleichnamstag die (sonst in der Burg Karlstein aufbewahrten) Reichskleinodien ausstellen.

DER KAISER UND SEINE STADT: KARL IV.

1356 verabschiedete Karl IV. die »Goldene Bulle« (oben). Bis zum Jahr 1806 diente diese als Reichsgrundgesetz des Heiligen Römischen Reiches Deutscher Nation. Das historisierende Wandgemälde von Johann Franz Brentano (unten rechts, vor 1841) im Kaisersaal des Frankfurter Römers zeigt Karl IV. mit der Handschrift und den herrschaftlichen Insignien Krone, Zepter, Schwert. Großes Bild: Blick auf die Karlsbrücke.

KLEINSEITE

FRANZ KAFKA MUSEUM

Wenn man von einigen Reisen, Sanatorienaufenthalten und einer Zeit in Berlin gegen Ende seines Lebens absieht, kam der Schriftsteller Franz Kafka aus seiner Geburtsstadt kaum heraus. Mit ihr verband ihn eine Hassliebe – er bezeichnete sie als ein »Mütterchen mit Krallen« –, denn sie personifizierte für ihn ähnlich wie sein Beruf und die Familie als Ganzes all das, was ihn in Unfreiheit hielt und daran hinderte, sich ausschließlich der Literatur zu widmen. Prag bildet auch die Kulisse für die Handlung einiger seiner bedeutendsten Werke; so spielt in dem Roman »Der Process« ein Schlüsselkapitel in einem der St.-Veits-Kathedrale nachempfundenen Dom. Im Kommunismus galt Kafka als persona non grata, weil er nicht im Sinne des sozialistischen Realismus schrieb; mittlerweile ist er wiederentdeckt. Im Franz Kafka Museum kann man sich über sein Leben und Schaffen informieren.

FRANZ KAFKA MUSEUM

Das in einer ehemaligen Ziegelei am Moldauufer untergebrachte Museum bewahrt die Hinterlassenschaften des Künstlers (oben, mit einem Foto von Doro Diamant, Kafkas letzter großer Liebe). Großes Bild: Vor dem Eingang stehen David Černýs Skulpturen aus dem Jahr 2004. Der Prager Bildhauer ist für die ironische Bildsprache bekannt: Zwei Männer aus Bronze pinkeln auf einen Brunnen in Form der Tschechischen Republik.

KLEINSEITE

MOLDAUINSEL KAMPA

Die Moldauinsel Kampa ist vom Kleinseitner Ufer nur durch den schmalen, wegen der starken Strömung früher zum Antrieb von Mühlrädern genutzten Teufelsbach abgetrennt. Auf ihr ruhen die dem Ufer am nächsten stehenden Pfeiler der Karlsbrücke. Der Name der Insel kommt vermutlich vom lateinischen Wort »Campus« (»Feld«), denn in der Frühzeit wurden hier allerlei Feldfrüchte und Gemüsearten für die Stadtbevölkerung angebaut. Später bewohnten Töpfer, Flößer und jene »Eismänner« die Insel, die im Winter Blöcke aus der gefrorenen Wasseroberfläche schnitten, um sie im Sommer zu verkaufen. Nach den verheerenden Feuersbrünsten auf der Kleinseite im 16. Jahrhundert nutzte man den Brandschutt, um das Gelände zu erhöhen und zu befestigen. Die im Süden der Insel zur Moldau hin gelegene frühere Sova-Getreidemühle wurde umgebaut; heute befindet sich darin das Museum Kampa.

MOLDAUINSEL KAMPA

Der Teufelsbach (Čertovka), ein im 12. Jahrhundert als Mühlgraben angelegter Moldauarm, trennt die erst im 15./16. Jahrhundert bebaute Insel Kampa von der Kleinseite. Durch eine Treppe ist diese Insel mit der Karlsbrücke verbunden. Im Mittelalter hortete man auf dem Eiland Waren, bis sie nach der Entrichtung der Zollgebühren über die Karlsbrücke auf die Märkte der Stadt gebracht werden durften.

MUSEUM KAMPA

Dieses Museum für Moderne Kunst geht zurück auf eine Initiative der tschechischen Emigrantin und Kunstmäzenin Meda Mladkova, die nach der Wende ihre zusammen mit ihrem Mann Jan zusammengetragene private Sammlung der Stadt Prag schenkte. Der Öffentlichkeit zugänglich gemacht werden sollte diese in der rekonstruierten Sova-Mühle auf der Insel Kampa, doch im August 2002 wäre das Vorhaben beinahe gescheitert: Damals musste die bereits installierte Kunstsammlung vor einer Jahrhundertflut gerettet werden. Eine besondere Ehrung erfuhr das im September 2003 eröffnete Museum Kampa, als es für das – einen virtuellen Zugang zu den bedeutenden Kunstmuseen der Welt gewährende – »Art Project« von Google ausgewählt und damit in eine Reihe so renommierter Häuser wie der Londoner Tate Britain, den Uffizien in Florenz und dem Museum of Modern Art in New York gestellt wurde.

MUSEUM KAMPA

Sammlungsschwerpunkte des Museums (oben und unten links) sind Gemälde und Zeichnungen von František Kupka, einem Vorreiter der abstrakten tschechischen Kunst, sowie Skulpturen von Otto Gutfreund, dem wichtigsten Vertreter des tschechischen Kubismus. Hinzu kommen Werke zeitgenössischer Künstler wie Magdalena Abakanowicz (unten rechts: »Figures«) und David Černý (oben rechts: »Miminka« – Babys).

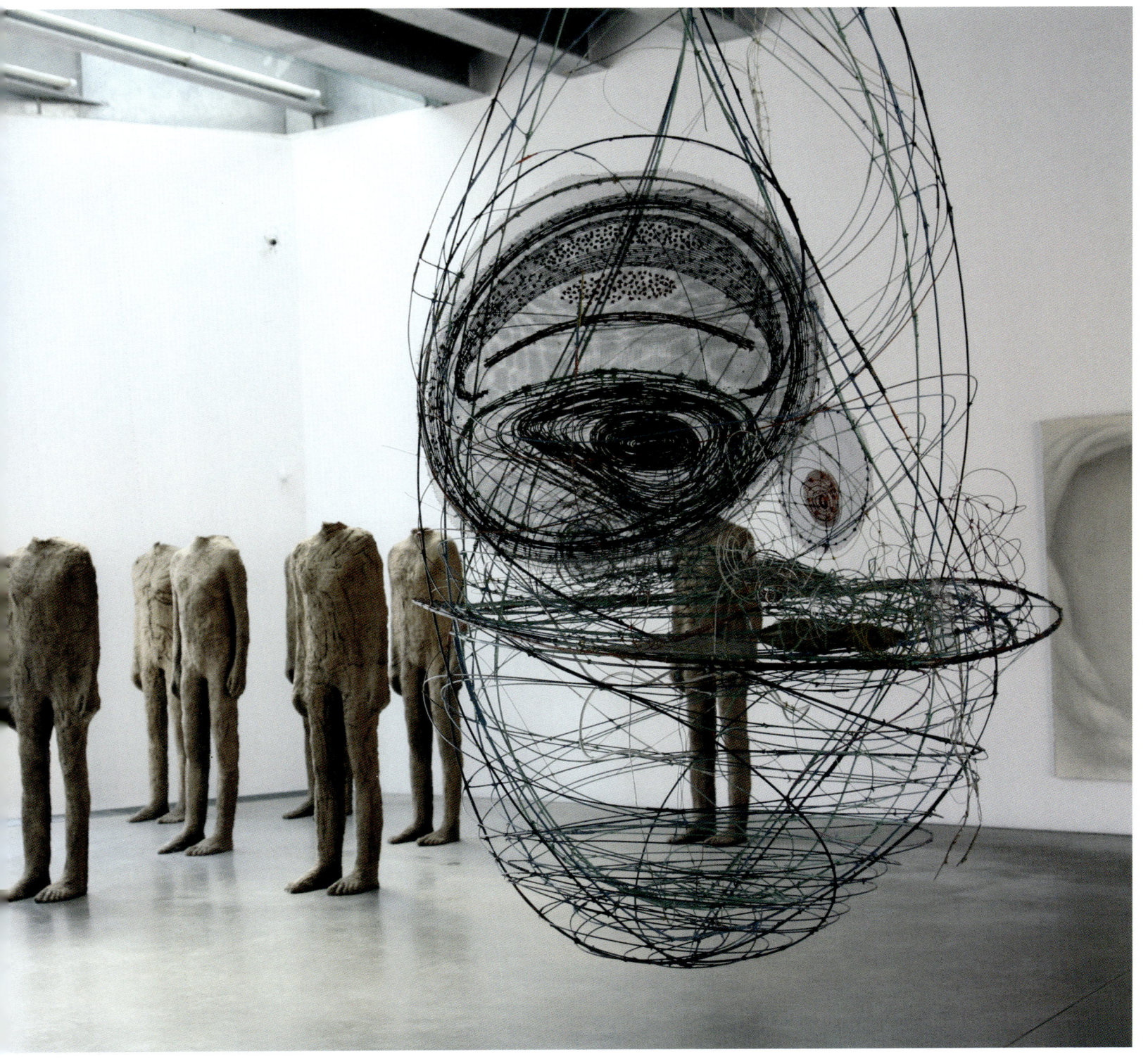

KLEINSEITE

BRÜCKENGASSE (MOSTECKÁ)

Durch diese – die Verlängerung der Karlsbrücke bildende – Straße verlief einst der alte Handelsweg von Regensburg, Nürnberg und Leipzig bis zur Moldau und weiter gen Osteuropa. Auch als einer der Hauptzugangswege zur Burg war die beiderseits von Wirtshäusern, Läden und Werkstätten gesäumte Mostecká stets von geschäftigem Treiben erfüllt. Kunsthistorisch am interessantesten ist das Palais Kaunitz (Kaunický palác, Nr. 15), das in den Jahren 1730 bis 1775 von Anton Karl Schmidt im Stil des Rokoko-Klassizismus errichtet wurde und heute die serbische Botschaft beherbergt. Sehenswert ist zudem das Sächsische Haus (Nr. 3), ein stattliches Gebäude, das Karl IV. 1348 dem sächsischen Herzog Rudolf schenkte – bis 1408 nutzten es dann die sächsischen Herzöge als ihre Prager Residenz. An der Südseite des Brückenaufgangs findet man das ehemalige Kleinseitner Brückenzollamt (Nr. 1).

BRÜCKENGASSE (MOSTECKÁ)

Mit Andenkenläden und Schnellrestaurants dominiert heute in der Brückengasse (oben) die globale Infrastruktur des Tourismus, doch vom alten Glanz zeugen noch einige gut erhaltene Bauten, im Hof von Haus Nr. 16 etwa die Reste des gotischen Bischofspalastes. Am Ende der Straße erheben sich die Kleinseitner Brückentürme (unten links; unten rechts blickt man durch den diese beiden Türme verbindenden Bogen).

KLEINSEITE

KLEINSEITNER RING (MALOSTRANSKÉ NÁMĚSTÍ)

Zwischen Brücken- und Nerudagasse, am alten, zur Prager Burg hinaufführenden Krönungsweg der böhmischen Könige, breitet sich der Kleinseitner Ring aus, der seit dem 10. Jahrhundert das Herz der Kleinseite markiert. Schon damals wurde hier ein Markt abgehalten, gab es eine dem heiligen Wenzel geweihte romanische Kirche und einige weitere Bauten. Seit dem Jahr 1238 wird der Platz durch eine gotische, St. Niklas geweihte Pfarrkirche in einen oberen und einen unteren Abschnitt geteilt. Ihr gegenüber liegt an der Westseite des Platzes das Palais Liechtenstein (Lichtenštejnský palác), für das fünf stattliche Bürgerhäuser zu einem einzigen umgebaut wurden. In den 1620er-Jahren diente es Karl von Liechtenstein als Domizil, dem als besonders fanatischen Verfolger der Protestanten in die Annalen Prags eingegangenen Statthalter des von Wien aus regierenden katholischen Kaisers.

KLEINSEITNER RING (MALOSTRANSKÉ NÁMĚSTÍ)

Auf dem Weg vom Hradschin zur Neustadt passiert die Tram den Kleinseitner Ring. Die umliegenden Gebäude bewahren hinter ihren Renaissance-, Barock- oder Empire-Fassaden fast alle noch einen mittelalterlichen Kern. Vor allem an der Südseite des lang gestreckten Platzes blieben noch einige der typischen Laubengänge und Durchhäuser erhalten, in denen verschiedene Geschäfte untergebracht sind.

ST. NIKLAS AUF DER KLEINSEITE (CHRÁM SVATÉHO MIKULÁŠE)

Die Monumentalität von St. Niklas, der größten Barockkirche Prags, erklärt sich auch daraus, dass das im 17. und 18. Jahrhundert an der Stelle eines gleichnamigen gotischen Vorläuferbaus errichtete Gotteshaus zur Zeit der Gegenreformation und Rekatholisierung der böhmischen Länder entstand: Macht und Pracht der unter der Leitung von drei Generationen der besten Baumeister Prags entstandenen Architektur sollten auch den Triumph der orthodoxen katholischen Lehre über die abweichlerischen Doktrinen der Protestanten symbolisieren. In der kommunistischen Ära wurde das Gotteshaus dann in den Dienst einer politischen Ideologie gestellt: Von dem rund 80 Meter hohen Glockenturm aus wurden – was in Prag ein offenes Geheimnis war – die am Fuß des Hradschin gelegenen Paläste observiert, in denen viele westliche Länder wie die USA ihre Botschaften hatten.

ST. NIKLAS AUF DER KLEINSEITE (CHRÁM SVATÉHO MIKULÁŠE)

Bald nach dem Sieg der Katholiken in der Schlacht am Weißen Berg (1625) übergab Ferdinand II. von Habsburg den Kleinseitner Jesuiten die 1238 gegründete Pfarrkirche St. Niklas. 1673 wurde im Beisein von Kaiser Leopold I. der Grundstein für einen neuen Kirchenbau gelegt, dessen Ausführung in den Händen von Christoph Dientzenhofer, seinem Sohn Kilian Ignaz und Anselmo Lurago lag. Letzterer vollendete 1756 den Glockenturm.

ST. THOMAS (KOSTEL SVATÉHO TOMÁŠE), ST. JOSEPH (SVATÝ JOSEFH)

St. Thomas, nordöstlich des Kleinseitner Rings gelegen, ist eine dreischiffige romanische Basilika, mit deren Bau als Klosterkirche des im Jahr 1285 von König Wenzel II. gegründeten Ordens der Augustiner-Eremiten – bereits im 13. Jahrhundert begonnen wurde; fertiggestellt war der Sakralbau aber erst im Jahr 1379. Spätere Generationen gestalteten sie immer wieder um – nach Brand und Wiederaufbau in der Hussitenzeit sowie dem von Kaiser Rudolf II. im 16. Jahrhundert verfügten Umbau zur Hofkirche geht ihr heutiges Erscheinungsbild auf die von Kilian Ignaz Dientzenhofer 1725 bis 1731 durchgeführte Barockisierung zurück.

Auch die nahe gelegene St.-Josephs-Kirche war ehemals an ein Kloster angeschlossen. Dieses wurde aber wesentlich später, 1656, gegründet. Ihren Hauptaltar schmückt eine Darstellung der Heiligen Familie von Peter Johann Brandl.

ST. THOMAS (KOSTEL SVATÉHO TOMÁŠE), ST. JOSEPH (SVATÝ JOSEFH)

Szenen aus dem Leben des Kirchenvaters Augustinus und des heiligen Thomas zeigen die Deckenfresken im Langhaus von St. Thomas (unten Mitte; linke und rechte Seite der Blick zum Chor). Gestaltet wurden diese 1728 von dem Prager Maler Wenzel Lorenz Reiner. Die im Stil des flämischen Barock gehaltene St.-Joseph-Kirche (oben) mit ihrer zweigeschossigen Fassade wurde in den Jahren 1687 bis 1692 errichtet.

KLEINSEITE

NERUDAGASSE (NERUDOVA)

Diese – als letzter Teil des ehemaligen Krönungswegs der böhmischen Könige – recht steil zum Burgberg hochführende Straße beginnt am Kleinseitner Ring. Seit dem Barock von einer Vielzahl prächtiger Bauten gesäumt, hieß sie früher »Spornergasse«, bis sie zu Ehren des Schriftstellers Jan Neruda (1834–1891) umbenannt wurde. Neruda – nach dem übrigens der chilenische Literaturnobelpreisträger Pablo Neruda (eigentlich: Neftalí Ricardo Reyes Basoalto) sein Pseudonym gewählt haben soll – lebte hier in den Jahren 1845 bis 1857 im Haus »Zu den zwei Sonnen«. Mit dem Palais Morzin (um 1713, heute Sitz der rumänischen Botschaft) und dem Palais Thun-Hohenstein (1726, heute Sitz der italienischen Botschaft) schuf Johann Blasius Santini-Aichl, ein italienischstämmiger Architekt, zwei der schönsten Profanbauten dieser belebten Gasse mit ihren vielen Ladengeschäften und Cafés.

NERUDAGASSE (NERUDOVA)

Dem Viertel wie seinen Menschen widmete der zwölf Jahre lang in der Nerudagasse lebende Schriftsteller Jan Neruda seine »Kleinseitner Geschichten«. In diesen Geschichten kann man zum Beispiel einiges über den »Doktor Weltverderber« erfahren (»eigentlich hieß er Heribert«) oder darüber, »Wie es kam, dass am 20. August 1849 um halb ein Uhr mittags Österreich nicht zerstört wurde«.

ZEICHEN UND WUNDER

»Die Kleinseite ist der stillste Stadtteil Prags«, konstatierte der Lyriker Detlev von Liliencron (laut Max Brod ein »Sendbote der hohen deutschen Dichtung« mit entscheidendem Einfluss auf die sogenannte Prager Schule) und fügte hinzu: »Dort gibt es noch Plätze, wo Gras zwischen den Pflastersteinen sprießt, und namentlich am Abend machen manche Straßen den Eindruck, als ob sie einer friedlichen Landstadt von sehr ehrwürdigem Alter angehören würden.« Letzteres – also das mit dem ehrwürdigen Alter – gilt auch für jene Bildsymbole, die dem mittelalterlichen Passanten einst Orientierung bieten sollten in einer ansonsten orientierungslosen Stadt und die auch dem heutigen Flaneur beim Gang durch die Straßen kaum entgehen können: An zahlreichen Fassaden prangen – in Bronze gegossen, auf den Putz gemalt oder in Stein gemeißelt – noch immer jene Hauszeichen, die Rückschlüsse auf den Beruf, den Glauben, den Namen oder die Herkunft der Bewohner erlaub(t)en. Erst ab 1770 wurden unter Kaiserin Maria Theresia (nach französischem Vorbild, um Rekrutierungsoffizieren des Militärs die Arbeit zu erleichtern) Nummern eingeführt. Und zwar gleich zweierlei: die (den heutigen Hausnummern entsprechenden) Orientierungsnummern und die (sich auf Teilbereiche wie Altstadt, Hradschin oder Kleinseite) beziehenden Konskriptionsnummern.

ZEICHEN UND WUNDER

Leider vergaß man mit der Zeit die Bedeutung vieler der heute meist liebevoll restaurierten Hauszeichen in Prag. Aber dass die berühmten »Drei kleinen Geigen« (ganz unten rechts) in der Nerudagasse 12 dafür stehen, dass hier in den Jahren 1667 bis 1748 die Geigenbauerfamilie Edlinger wohnte, ist bekannt. Das Haus »Zum weißen Schwan« (unten links) findet man in der Nerudagasse 49.

KLEINSEITE

NEUE SCHLOSSSTIEGE (NOVÉ ZÁMECKÉ SCHODY)

Die kürzeste und schönste Verbindung von der Kleinseite zur Burg ist die Neue Schlossstiege, die zunächst parallel zur Nerudagasse verläuft und somit dem Spaziergänger eine Gelegenheit gibt, auch die Rückenansicht der bergseitigen Häuserzeile zu betrachten. Um auf diesen Parallelweg zu kommen, kann man auch den kleinen überbauten Durchgang unterhalb der italienischen Botschaft im Palais Thun-Hohenstein (Nerudagasse 20) nehmen. Den mittleren Teil der Neuen Schlossstiege markiert das im 16. Jahrhundert errichtete Palais Slavata, dessen südlicher Trakt ursprünglich das Palais Thun-Hohenstein war. Nicht in Stein gemeißelt, aber literarisch unvergessen ist der von Alfred Kerr beschriebene »Duft von Pilsener Bier ... und Würstel mit Kren«, der einem einst »am Fuße des Burgviertels, wo der Weg hinansteigt zu der böhmischen Akropolis« um die Nase wehte.

NEUE SCHLOSSSTIEGE (NOVÉ ZÁMECKÉ SCHODY)

Stiegen hatte dieser Zugang von der Kleinseite zur Burg bereits im 15. Jahrhundert. Beim Aufstieg konnte man die Auslagen der Handwerker und Kunsthandwerker betrachten, die hier ihre Läden hatten und die Waren auf den mächtigen Sohlbänken der weit zurückgesetzten Fenster präsentierten. Um die Neue Schlossstiege so idyllisch wie hier zu erleben, muss man sie aber ganz früh am Morgen oder spätnachts besichtigen.

PALAIS WALDSTEIN (VALDŠTEJNSKÝ PALÁC)

Man kann darüber streiten, ob es sich hier um eine der prächtigsten barocken Adelsresidenzen der Welt handelt oder doch eher um ein Stein gewordenes Zeugnis für die Selbstverliebtheit seines Erbauers. Denn der berühmt-berüchtigte kaiserliche Generalissimus Reichsfürst Albrecht von Waldstein (1583–1634, genannt Wallenstein), dessen Aufstieg und Fall Schiller in seiner Wallenstein-Trilogie schildert, ließ im Jahr 1623 mehr als zwanzig Häuser und eine ganze Ziegelei abreißen sowie einige Gärten einebnen, um Platz für sein neues trautes Heim zu schaffen. Kein Wunder, dass der zu einem unglaublichen Reichtum gekommene Feldherr bei den Bürgern verhasst war und auch beim regierenden Monarchen einigen Unwillen erregte. Denn das gigantische Bauwerk war von der Burg aus nicht zu übersehen und musste als architektonische Kampfansage an den Regenten gedeutet werden.

PALAIS WALDSTEIN (VALDŠTEJNSKÝ PALÁC)

»Nicht kleckern, sondern klotzen!«, lautete die Maxime bei diesem nach Entwürfen von Andrea Spezza und Giovanni Pieroni errichteten ersten Monumentalbau des Prager Barock. Golo Mann attestierte dem 1634 auf Geheiß von Kaiser Ferdinand II. wegen seiner eigenmächtigen Entscheidungen bei einem Bankett ermordeten Feldherrn, er habe sich inmitten des Großstadtgetriebes »ein Klein-Reich« schaffen wollen.

EINE VISION VON PRAG: PALASTGÄRTEN (PALÁCOVÉ ZAHRADY)

»Ich habe eine Vision gehabt«, schrieb Julien Green, »und es war Prag. Ich bin aus einem Bereich der Zeit geschieden, um in die Vergangenheit einzutreten.« Folgt man vom Palais Waldstein aus der Waldsteingasse (Valdštejnská) in nördlicher Richtung, geht es einem bis heute so: »Man durchwandert, was man für unmöglich hielt, eine andere Epoche, denn die Stadt ist so jenseitig, dass sie unwirklich wirkt.« Hier ist es das barocke Prag, das man noch höchst gegenwärtig findet – im Palais Pálffy (Nr. 14) etwa, das heute als Konservatorium dient; im Palais Kolowrat (Nr. 10), das eine Dependance des Kulturministeriums beherbergt; im Palais Fürstenberg (Nr. 8), in dem die polnische Botschaft ihren Sitz hat, oder im bereits am Waldsteinplatz (Valdštejnská náměstí) gelegenen Palais Ledebour (Nr. 3). Alle diese in der Regel im 18. Jahrhundert errichteten Paläste haben hinter ihrer barocken Schauseite auch noch herrliche Gartenanlagen zu bieten, die sich terrassenförmig den steilen Südhang der Prager Burg hinaufziehen und – mit vielen Bögen und Balustraden, Galerien und Skulpturen, Brunnen, Pavillons und Glorietten durchsetzt – sogar noch interessanter sind als die Paläste selbst. Ein guter Ort, um erneut an Julien Green zu denken, der am Ende seiner Zeitreise meinte, nun sei er »in der Prager Zeit« angekommen, »außerhalb unserer Stundenzonen«.

EINE VISION VON PRAG: PALASTGÄRTEN (PALÁCOVÉ ZAHRADY)

Zunächst war der Prager Burghügel aus strategischen Gründen kahl und leer. Erst unter Karl IV. legte man dort Weingärten an, die im 18. Jahrhundert in barocke Gartenkunstwerke verwandelt wurden. Heute sind der Fürstenberg- (oben links) und der Große Pálffy-Garten (oben rechts) eine Augenweide für jeden Besucher. Mit einer herrlichen Sala Terrena (ebenerdiger Gartensaal) prunkt das Palais Ledebour (großes Bild).

KLEINSEITE

PALAIS LOBKOWITZ (LOBKOVICKÝ PALÁC)

»In der historischen Erkenntnis, dass das harmonische Zusammenleben der Völker in Europa ein Erfordernis des Friedens bildet ...« (so die ersten Worte des Kontrakts), wurde am 11. Dezember 1973 ein »Vertrag über die gegenseitigen Beziehungen zwischen der Bundesrepublik Deutschland und der Tschechoslowakischen Sozialistischen Republik« geschlossen, der die Grundlage war für die noch am selben Tag aufgenommenen diplomatischen Beziehungen beider Staaten. Als Sitz der Deutschen Botschaft in Prag erkor man das Palais Lobkowitz – keine schlechte Wahl, denn dabei handelt es sich um einen der schönsten Barockpaläste der Stadt. Errichtet wurde dieser in den Jahren 1703 bis 1713 nach Entwürfen von Giovanni Battista Alliprandi. Das heutige Erscheinungsbild geht zurück auf einen Umbau im Jahr 1769 nach Plänen von Ignaz Palliardi, bei dem auch die Seitenflügel erhöht wurden.

PALAIS LOBKOWITZ (LOBKOVICKÝ PALÁC)

Hier wurde Geschichte geschrieben: »Wir sind zu Ihnen gekommen, um Ihnen mitzuteilen, dass heute Ihre Ausreise möglich geworden ist« – mit diesen am Ende in tosendem Jubel untergehenden Worten verkündete der damalige Bundesaußenminister Hans-Dietrich Genscher am 30. September 1989 auf dem Gartenbalkon des Palais Lobkowitz die Ausreisemöglichkeit für fast 4000 DDR-Flüchtlinge.

KLEINSEITE

PALAIS VRTBA (VRTBOVSKÝ PALÁC), VRTBA-GARTEN (VRTBOVSKÁ ZAHRADA)

Geht man vom Palais Lobkowitz in östlicher Richtung zur Karmeliterstraße (Karmelitská – heute die Hauptverkehrsader auf der Kleinseite), so gelangt man dort (Nr. 25, Ecke Tržiště) zum Palais Vrtba (Vrtbovský palác), das in den Jahren 1627 bis 1631 durch die Zusammenlegung zweier Bürgerhäuser entstand. Deren nördliches gehörte zuvor Christoph Harant von Polschitz und Weseritz, einem der bedeutendsten böhmischen Komponisten, der beim Prager Blutgericht (21. Juni 1621) als einer der protestantischen Aufständischen enthauptet wurde. Der neue Eigentümer, Sezima von Vrtba, ließ der schmalen Gasse zwischen den zusammengelegten Bürgerhäusern ein Portal vorblenden; der Durchgang als solcher blieb jedoch erhalten. Durch ihn gelangt man nun in einen der schönsten Barockgärten Mitteleuropas, in den nach Entwürfen von František Maximilián Kaňka angelegten Vrtba-Garten.

PALAIS VRTBA (VRTBOVSKÝ PALÁC), VRTBA-GARTEN (VRTBOVSKÁ ZAHRADA)

Die Prager Begeisterung für den Barock manifestierte sich auch in der Gartengestaltung. Als 1541 ein Brand auf der Kleinseite große Flächen verwüstete, ließen sich die Adeligen in den Hängen nahe der Burg sowie hier am Laurenziberg »Zaubergärten« errichten: »… eine Art Freilufttheater, eingegraben in die Seite des Hügels, aufgeteilt in runde Terrassen und verziert mit Statuen von großer Schönheit« (D. Fernandez).

ST. MARIA DE VICTORIA (KOSTEL PANNY MARIE VÍTĚZNÉ)

Keine fünf Minuten ist es zu Fuß vom Palais Vrtba die Karmeliterstraße in südlicher Richtung hinab bis zur ältesten erhaltenen Barockkirche der Stadt. Errichtet wurde diese in den Jahren 1611 bis 1613 im Auftrag der deutschen Lutheraner von Giovanni M. Filippi. Nach der Schlacht am Weißen Berg im Jahr 1620 übergab man die im Grundriss nach dem Vorbild der römischen Jesuitenkirche »Il Gesù« angelegte Kirche dem Orden der Unbeschuhten Karmeliten, der die Kirche am 8. Januar 1624 der Siegreichen Muttergottes (»Maria de Victoria«) weihte. Nicht zufällig, versteht sich, denn der Legende nach soll einer der Mönche dieses Ordens, nach dem auch die Karmeliterstraße benannt ist, in der Schlacht den katholischen Truppen mit einem Andachtsbild vorangegangen sein und dabei bewiesen haben, dass der (bildmächtige) Glaube nicht nur Berge versetzen, sondern auch Schlachten gewinnen kann.

ST. MARIA DE VICTORIA (KOSTEL PANNY MARIE VÍTĚZNÉ)

Im Jahr 1628 bekamen die Karmeliter von der Fürstin Polyxena Lobkowitz eine 47 Zentimeter hohe Wachsfigur geschenkt, die diese wiederum von ihrer Mutter, der spanischen Herzogin Marie Marique der Älteren, erhalten hatte: Dem »Prager Jesulein« werden eine Reihe von Wundern zugeschrieben – etwa die Vertreibung der vom »rechten Glauben« abgefallenen Schweden aus der Moldaustadt im Jahr 1648.

LAURENZIBERG (PETŘIN)

Ein kleiner Durchgang hinter dem Garten des Palais Lobkowitz führt zum Petřin, einem ursprünglich dicht mit Wald bestandenen östlichen Ausläufer des Weißen Bergs. Vom 12. bis 19. Jahrhundert wurde an seinen Hängen Wein angebaut. Danach entwickelte er sich zu einem der schönsten Prager Naherholungsziele – schon Kafka saß »auf der Lehne des Laurenziberges« und »prüfte die Wünsche«, die er »für das Leben hatte«. Den tschechischen Namen soll der erste Chronist Böhmens, Cosmas von Prag (um 1045–1125), vom lateinischen Wort für Fels (»Petra«) abgeleitet haben, die deutsche Bezeichnung bezieht sich auf den römischen Märtyrer Laurentius, den Schutzheiligen der Gipfelkirche. Reste der »Hungermauer« erinnern an eine alte Stadtbefestigung, die Karl IV. angeblich während der Hungersnot um 1360 errichten ließ, um den Armen der Stadt Lohn und damit auch Brot geben zu können.

LAURENZIBERG (PETŘIN)

Vom knapp 320 Meter hohen Petřin reicht der Blick bis weit über Stadt und Umland hinweg (unten). Wer den Aufstieg scheut, der fährt mit der Standseilbahn (oben) hinauf. Wem das nicht hoch genug ist, der steigt auch noch auf den 60 Meter hohen Aussichtsturm – eine 1891 errichtete, 1930 hierher versetzte Miniaturausgabe des Eiffelturms, von der man bei guter Sicht bis weit an die Landesgrenzen sehen kann.

KLEINSEITE

ALTSTADT (STARÉ MĚSTO) UND JOSEFSTADT (JOSEFOV)

Geschützt von zwei Burgen im Nordwesten (Hradschin) wie im Südosten (Vyšehrad) ließen sich hier am rechten Moldauufer schon früh Kaufleute und Handwerker nieder. 1235 verlieh König Wenzel I. diesem beständig prosperierenden Marktflecken das Stadtrecht; unter Karl IV. entwickelte sich die »Alte Stadt Prag« im 14. Jahrhundert zu einer der bedeutendsten Städte des Mittelalters. Juden wohnten in einem eigenen, auch das »fünfte Viertel« genannten Bezirk, der im 18. Jahrhundert – nach Kaiser Joseph II., der ihnen gewisse Freiheiten zugestand – »Josefstadt« genannt wurde.

Rund um den Altstädter Ring blieb die mittelalterliche Stadtstruktur bis heute noch weitgehend erhalten. Schon um das Jahr 965 herum, so berichtete ein Gesandter des Kalifen von Cordoba, war diese Ansiedlung ein wichtiges Handelszentrum.

KREUZHERRENPLATZ (KŘIŽOVNICKÉ NÁMĚSTÍ)

Benannt wurde dieser relativ kleine, dank seiner harmonischen architektonischen Anlage aber sehr imposante Platz mit der Statue Karls IV. nach dem Orden der »Kreuzherren mit dem Roten Stern«. Letzterer entwickelte sich im 13. Jahrhundert aus einer karitativ tätigen Laienbruderschaft heraus und ist nicht nur der einzige in Böhmen gegründete geistliche Ritterorden, sondern auch der einzige von einer Frau gegründete Mönchsorden überhaupt. Dass es sich bei dieser Frau um die im Jahr 1989 heiliggesprochene Agnes von Böhmen (1211–1282) handelte, die jüngste Tochter von Ottokar I. Přemysl und Konstanze von Ungarn, trug sicher mit dazu bei, dass der Orden höchste Protektion genoss. Im Jahr 1253 ließen sich die Kreuzherren am Moldauufer nieder, wo damals noch die Judithbrücke als steinerner Vorläufer der Karlsbrücke stand und wo sie bald darauf eine Kirche und ein Spital errichteten.

KREUZHERRENPLATZ (KŘIŽOVNICKÉ NÁMĚSTÍ)

1561 bis 1694 stellten die Kreuzherren den Prager Erzbischof und waren so mächtig geworden, dass sie in einen Zwist mit den einflussreichen Jesuiten gerieten. Ein Ausdruck dieses Konkurrenzkampfes ist auch die enorme Kuppel der 1679 bis 1689 errichteten Kreuzherrenkirche (oben im Blick von der Karlsbrücke und eine Innenaufnahme), welche die St.-Salvator-Kirche der Jesuiten (im Bild unten rechts) »übertrumpft«.

CLEMENTINUM (KLEMENTINUM)

Als die Jesuiten im Jahr 1556 auf Einladung von Ferdinand I. nach Prag kamen, ging es dem König darum, mit ihrer Hilfe ein Zentrum der Gegenreformation zu schaffen – und ein Bollwerk gegen die Geistes- wie Naturwissenschaften gleichermaßen fördernde Universität. Deshalb stellte man ihnen zwischen Kreuzherren- und Marienplatz ein leerstehendes Dominikanerkloster zur Verfügung, das in den Hussitenkriegen verwüstet worden war. An dessen Stelle errichtete der Orden eine katholische Hochschule, auf die auch der König seine Edelknaben schickte und deren Patres bald das Recht erteilt wurde, Doktortitel zu vergeben. (So begab man sich in direkte Konkurrenz zur Universität.) Mit Unterstützung weiterer prokatholischer Gönner baute man das Clementinum bis zum Jahr 1726 zum zweitgrößten Bau Prags (nach der Burg) aus – ein ganzes Stadtviertel musste dafür weichen.

CLEMENTINUM (KLEMENTINUM)

Neben Wohntrakten für die Lernenden und Lehrenden, Seminar- und Hörsälen barg das nahe am Moldauufer gelegene Clementinum auch ein Theater und eine Druckerei, eine Sternwarte und nicht zuletzt mehrere Sakralbauten wie die Spiegelkapelle (unten rechts). Heute ist hier der Sitz der Tschechischen Nationalbibliothek (oben; unten links der barocke Bibliothekssaal, in dem sich auch wertvolle Globen befinden).

MEIN KAI, MEINE MUSIK, MEIN VATERLAND: SMETANA

Nach der Gründung der ersten tschechoslowakischen Republik (am 28. Oktober 1918) wurde der an der Moldau entlangführende »Franz-Kai« – dessen Name nun ungewollte Assoziationen an das österreichische Herrscherhaus weckte – nach dem Komponisten Bedřich Smetana (1824–1884) benannt, was naheliegend ist: Smetanas bekanntestes Werk – der zweite Teil seiner am 5. November 1882 in Prag uraufgeführten sechsteiligen Sinfonischen Dichtung »Mein Vaterland« (Má Vlast, 1882) – trägt den Titel »Die Moldau« und setzte dem »Nationalstrom der Tschechen« ein klingendes Denkmal. Zudem war der Komponist ein Patriot, der sich der gegen den Wiener Zentralismus ankämpfenden Nationalbewegung angeschlossen hatte und für seine Werke oft auf Themen aus der böhmischen Geschichte zurückgriff. So befasst Smetana sich in seiner Oper »Dalibor« (1868) mit dem Schicksal jenes Edelmanns, der in dem nach ihm benannten (Daliborka-)Turm im Goldenen Gässchen geschmachtet haben soll. Eine weitere Oper von ihm, »Libuše« (1881), handelt von der mythischen Begründerin des Herrscherhauses der Přemysliden. In einem ehemaligen Wasserwerk am nördlichen Ende des Smetana-Kais ist ein ihm gewidmetes Museum untergebracht, vor dessen Eingang seine Statue steht, die – natürlich – auf die Moldau schaut.

MEIN KAI, MEINE MUSIK, MEIN VATERLAND: SMETANA

Getauft wurde Smetana (gemaltes Porträt) auf den Vornamen Friedrich. Erst als er das Erwachsenenalter erreicht hatte, entschied er sich für die tschechische Entsprechung seines ursprünglichen Vornamens (Bedřich) und begann damit, die tschechische Sprache zu erlernen. Großes Bild rechts: seine Statue vor dem ihm gewidmeten Museum am Smetana-Kai. Bild oben: ein besonders stimmungsvoller Blick auf »seinen« Kai.

KARLSGASSE (KARLOVA)

Wenn es stimmt, dass der Kunde König ist, dann hat sich in der Karlsgasse seit Hunderten von Jahren nicht viel geändert: Immer noch schreiten hier, auf diesem Teilstück des Krönungswegs der böhmischen Monarchen, »Könige« über das Kopfsteinpflaster – nur dass es heute ungleich mehr sind als früher und dass diese Heutigen erst einen der vielen Läden zu beiden Seiten des Wegs betreten müssen, um sich darin, hoffentlich, als Kunde wie ein gekröntes Haupt zu fühlen. Zurück auf dem Karlsgassenpflaster bleibt dann hoffentlich noch genügend Zeit, auch einen Blick auf die schönen Häuserfassaden der Karlsgasse zu richten – auf die des Palais Colloredo-Mansfeld (Karlova 2) etwa an der Ecke zum Smetana-Kai, bei dem man auch einen Blick auf den Neptunbrunnen im Hof werfen sollte, oder auf das Haus »Zum goldenen Brunnen« (Karlova 3) mit seinem prächtigen barocken Stuckrelief.

KARLSGASSE (KARLOVA)

Der Krönungsweg der böhmischen Könige führte vom Pulverturm durch die Zeltnergasse, den Altstädter Ring, die Karlsgasse und über die Karlsbrücke hinweg zur Brückengasse sowie weiter zum Kleinseitner Ring und in die Nerudagasse vor der Burg, mit dem St.-Veits-Dom als Ziel. In der Karlsgasse blieben auf romanischen Fundamenten mehrere gotische – später mit barockem Zierrat geschmückte – Häuser erhalten.

ALTSTADT UND JOSEFSTADT

PALAIS CLAM-GALLAS (CLAM-GALLASŮV PALÁC)

An der Ecke Husgasse (Nr. 20), Marienplatz und Karlsgasse findet man mit dem Palais Clam-Gallas einen der schönsten Profanbauten der Stadt. Benannt wurde er nach Johann Wenzel Graf Gallas (1669–1719), dem kaiserlichen Botschafter in Prag. Mit den Entwürfen für seine hiesige Stadtresidenz beauftragte Graf Gallas im Jahr 1707 keinen Geringeren als den berühmten kaiserlichen Hofarchitekten Johann Bernhard Fischer von Erlach. Die Bauleitung des auf einem unregelmäßigen Grundriss errichteten, vierflügeligen, zweigeschossigen barocken Prachtbaus mit zwei Innenhöfen hatten Domenico Canevale und Thomas Haffenecker. Allerdings dürfte sich der Graf selbst nicht allzu oft in seinem Palais aufgehalten haben – im Jahr 1714 wurde er Vizekönig von Neapel und blieb dies bis zu seinem Tod. Seit dem Jahr 1945 ist der Palast Sitz des Prager Stadtarchivs.

PALAIS CLAM-GALLAS (CLAM-GALLASŮV PALÁC)

Aus der Werkstatt von Matthias Bernhard Braun stammen die prächtigen Gigantenpaare an den Portalen, Carlo Carlone freskierte das Treppenhaus (unten). Kostümfeste (oben) erinnern an eine Zeit, als in diesem Palais noch rauschende Bälle gefeiert wurden, bei denen sich auch Mozart und seine Frau Constanze gern vergnügt haben sollen. Zudem fanden hier prominent besetzte Konzerte etwa mit Beethoven statt.

PRAGER PUPPENSPIELE(R): ARTISTEN AM DRAHTSEIL

Marionettentheater haben in der Stadt an der Moldau eine lange Tradition: Populär machten das Spiel mit den Puppen deutsche, englische, holländische und italienische Spieler, die bereits im 18. Jahrhundert durch Böhmen zogen und das Publikum mit handgefertigten Marionetten und fantasievoll erzählten Geschichten unterhielten. In der Regel besaßen sie einen Satz mit zwölf Marionetten am Draht – sechs Männer-, drei Frauenrollen, Kaspárek (Clown), Tod und Teufel –, denen sie mit ihren geschickten Händen Leben einzuhauchen schienen. Im 19. Jahrhundert entwickelte sich Prag dann zu einem der wichtigsten Zentren des Marionettentheaters, und bis heute ist hier diese von Generation zu Generation weitergegebene Tradition ungebrochen. 1922 gründete man in der Stadt die Union Internationale de la Marionette (UNIMA), den Weltbund der Puppenspieler. Seit 1945 in Prag beheimatet ist das bereits 1930 von Josef Skupa in Pilsen gegründete, nach seinen berühmtesten Protagonisten benannte Marionettentheater Spejbl & Hurvínek. Präsentieren konnte dieses Theater seine Kunst in mehr als 250 Premieren; Gastspiele führten es bislang in 31 Länder. 1991 in der Stadt gegründet wurde zudem das Nationale Marionettentheater. Berühmt ist dieses für seine inzwischen mehr als 4500 Aufführungen der Mozart-Oper »Don Giovanni« mit (lebensgroßen) Puppen.

PRAGER PUPPENSPIELE(R): ARTISTEN AM DRAHTSEIL

»Du musst die Puppen fühlen«, sagt Pavel Truhlar, »dann sprechen sie mit dir.« Seine handgefertigten Marionetten (unten links/rechts; in der Mitte ein Blick in den Laden von Obchod Pod Lampou) verkaufte er zunächst auf der Karlsbrücke. 1992 eröffnete er seinen ersten eigenen Laden, inzwischen arbeiten mehr als 40 Puppenmacher für ihn. Oben: Zum Nationalen Marionettentheater gehört auch ein kleines Museum.

ST. ÄGIDIUS (KOSTEL SVATÉHO JILJÍ)

Schon von Weitem fällt die über einem romanischen Vorläuferbau errichtete dreischiffige Kirche wegen ihrer unterschiedlich hohen, nach Westen ausgerichteten Doppelturmfassade auf. Im Inneren des von der Husgasse aus zu betretenden Gotteshauses trifft man auf eine weitere Besonderheit: einen an frühchristliche Kirchen erinnernden, chorlosen, flachen Ostabschluss. Errichtet wurde St. Ägidius in den Jahren 1310 bis 1371 im Auftrag des Prager Bischofs Johann von Dražice, der sich am Papsthof in Avignon aufgehalten hatte, wo er die französische Gotik kennen und schätzen lernte. Ab dem Jahr 1365 predigte hier Jan Milič von Kroměříž, ein Vorgänger von Jan Hus, der in den Jahren 1402 bis 1413 hier auf der Kanzel stand. 1626 zogen die Dominikaner ein, die das Mittelschiff mit einer Darstellung des Triumphes ihres Ordens über die »Ketzer« – sprich: die Hussiten – ausmalen ließen.

ST. ÄGIDIUS (KOSTEL SVATÉHO JILJÍ)

Im äußeren Erscheinungsbild wirkt die Kirche, dem Ideal der böhmischen Gotik entsprechend, recht streng. Als Kontrastprogramm dazu könnte man die spätbarocke Umgestaltung des Innenraums ansehen, die nun wieder ganz im Sinne der nach den Hussiten hier eingezogenen Dominikaner war. Deren Pläne zeichnete wohl Kilian Ignaz Dientzenhofer; ausgeführt wurden sie in den 1730er-Jahren von František Špaček.

GALLUSSTADT (HAVELSKÉ MĚSTO)

Die heutigen Straßen und Plätze Rytířská, Havelská, Ovocný trh (Obstmarkt) und Uhelný trh (Kohlmarkt) bildeten früher ein eigenes Altstadtviertel, die Gallus- oder auch Gallistadt. Urkundlich belegt ist dieses schon seit dem Jahr 1235 – damals legte Eberhard, der Münzmeister von König Wenzel I. Přemysl, die »Nova civitas circa S. Gallum« an, die neue Stadt um St. Gallus. Deren rückwärtige Bebauung grenzte an Stadtmauer und Graben; über Letzteren wurde bei der Gründung der Neustadt eine Brücke geschlagen, an die noch der Straßenname Na můsku (Am Brückchen) erinnert. Von den übrigen Quartieren dürfte sich das vorwiegend von Kolonisten aus dem süddeutschen Raum besiedelte Viertel merklich unterschieden haben: Bis zum Ende des 13. Jahrhunderts galt hier sogar eine eigene Rechtsordnung. Etwa zeitgleich mit dem Viertel entstand die 1263 fertiggestellte St.-Gallus-Kirche.

GALLUSSTADT (HAVELSKÉ MĚSTO)

Geweiht wurde die gegen Ende des 17. Jahrhunderts barockisierte St.-Gallus-Kirche (oben) dem heiligen Havel, nach dem auch die Straße (Havelská) benannt ist, in der sie steht, und der Markt (unten), der schon seit dem Mittelalter hier abgehalten wird. Damals bewahrte man in der Kirche eine im Schweizer Kloster St. Gallen erworbene Schädelreliquie des heiligen Gallus auf, die die Pilger in Scharen anzog.

ALTSTADT UND JOSEFSTADT

STÄNDETHEATER (STAVOVSKÉ DIVADLO)

Dieser erste feste Theaterbau Prags entstand in den Jahren 1781 bis 1783 nach Entwürfen des Theatertheoretikers Graf Künigl unter der Bauleitung des Architekten Anton Haffenecker. Finanziert wurde das im klassizistischen Stil errichtete Theater von Franz Anton Graf Nostiz-Rieneck, dem Oberstburggrafen und Stellvertreter des Königs, dem ein »Nationalspectakel in unserer Muttersprache« (also in Deutsch) vorschwebte. Eröffnet wurde der Spielbetrieb 1783 mit einer Aufführung von Lessings »Emilia Galotti«. Gegen Ende des 18. Jahrhunderts erwarb der böhmische Adel das Haus für 60 000 Gulden und führte es als »Ständetheater«. Ab 1945 hieß das 1859 bis 1890 von dem Architekten Achill Wolf noch mehrfach baulich veränderte Haus nach dem tschechischen Dramatiker Josef Kajetán Tyl »Tyl-Theater«. Heute gehört es unter dem alten Namen zum tschechischen Nationaltheater.

STÄNDETHEATER (STAVOVSKÉ DIVADLO)

»Keine Ruh' bei Tag und Nacht, / Nichts, was mir Vergnügen macht, / Schmale Kost und wenig Geld, / Das ertrage, wem's gefällt!« Mit diesen Worten Leporellos beginnt Mozarts Oper »Don Giovanni«, die in des Komponisten eigenen Worten »lautesten beyfall« erhielt, als sie am 29. Oktober 1787 hier uraufgeführt wurde. Zwei Jahre später feierte hier noch eine weitere Mozart-Oper Premiere: »La Clemenza di Tito«.

CAROLINUM (KAROLINUM)

Angeblich sollen die ehrwürdigen Professoren der Prager Universität wenig erbaut gewesen sein, als gleich neben ihrer noblen Institution das Ständetheater eröffnet wurde. Inwieweit die von den Professoren offenbar in Zweifel gezogenen Moralvorstellungen des nun also in bedrohliche Nähe gerückten »Schauspielervölkchens« tatsächlich geeignet waren, die sittliche Festigkeit der Studenten zu erschüttern, gehört in den Bereich der Spekulation, was nicht mehr bewiesen werden kann. Die Fakten dazu lauten wie folgt: Am 7. April 1348 von Kaiser Karl IV. nach den Vorbildern in Paris und Bologna gegründet, ist dies die erste »deutsche« (das heißt: vorwiegend von deutschen Studenten besuchte) Universität Mitteleuropas. Unterrichtet wurden in diesem (nach seinem Gründer benannten) »Collegium Carolinum« Recht, Medizin, Theologie und – ja, auch – Künste.

CAROLINUM (KAROLINUM)

Nachdem die Universität, an der heute mehr als 40 000 Studenten immatrikuliert sind, zunächst in verschiedenen Klöstern untergebracht war, konnte sie 1383 in ein eigenes Haus ziehen, das ihr Wenzel IV., der Sohn und Nachfolger Karls IV., zur Verfügung stellte. Anfangs unterrichtete man auf Latein; erst ab der Mitte des 18. Jahrhunderts gab es auch Vorlesungen auf Deutsch. Schon Jan Hus unterrichtete hier einst Theologie.

ALTSTÄDTER RATHAUS (STAROMĚSTSKÁ RADNICE)

Dass die Bürger der »alten Stadt Prag« 1338 in einem frühgotischen Gebäude ein Rathaus als eigenes Verwaltungszentrum einrichten durften, verdankten sie einem Privileg des in den Jahren 1310 bis 1346 in Böhmen regierenden Königs Johann von Luxemburg, dem Vater von Karl IV. Finanziert wurde der Aus- und Umbau aus der Weinsteuer – auch dazu musste der König erst seine Genehmigung erteilen. An der Verschachtelung unterschiedlicher Gebäudeteile erkennt man, wie der Rathauskomplex zwischen dem 14. und 19. Jahrhundert beständig erweitert wurde. Heute gehören dazu alle Gebäude zwischen dem Uhrturm und dem südwestlich sich anschließenden Haus »Zur Minute«. Als Joseph II. im Jahr 1784 ganz Prag zu einer Verwaltungseinheit zusammenfassen ließ, wurde dieser Gebäudekomplex am Altstädter Ring wie selbstverständlich zum Sitz der neuen Selbstverwaltung.

ALTSTÄDTER RATHAUS (STAROMĚSTSKÁ RADNICE)

Als historisches Denkmal hat das Altstädter Rathaus seinen Namen bis heute behalten, auch wenn dort längst nur noch kulturelle und gesellschaftliche Veranstaltungen stattfinden. In seinem äußeren Erscheinungsbild gleicht es »einem architekturhistorischen Feldversuch mit Teilen und Elementen aus unterschiedlichsten Epochen« (Isabella Woldt). Vom Turm hat man einen schönen Blick auf den Altstädter Ring.

WEM DIE STUNDE SCHLÄGT: DER MAGISTER, DIE UHR UND DER TOD

Die an der Südseite des fast 70 Meter hohen Turms des Altstädter Rathauses errichtete Astronomische Uhr (Orloj) wurde um 1410 von Mikuláš z Kadaně eingerichtet und um 1490 von Magister Hanuš Růže, Astronom an der Prager Universität, vollendet. Angeblich ließen die Ratsherren den Magister Hanuš nach getaner Arbeit blenden, um zu verhindern, dass ihm auch in einer anderen Stadt ein solches Kunstwerk gelänge. Kurz vor seinem Tod soll der gewaltsam Erblindete noch einmal auf den Turm gestiegen sein und das Uhrwerk angehalten haben. Erst Jan Táborský, so heißt es, konnte viele Jahrzehnte später den Mechanismus wiederherstellen. Die Astronomische Uhr besteht aus drei Teilen: dem von 9 bis 21 Uhr stündlich an ihrem oberen Rand vorbeiziehenden Apostelumzug mit Christus, seinen Jüngern und zuletzt dem (eine Sanduhr zur vollen Stunde drehenden) Gevatter Tod, der Uhrenscheibe (oben) und der Kalenderscheibe (unten). Letztere ist in 365 Tagefelder aufgeteilt, die täglich um ein Feld weiterrücken, bis am Jahresende wieder die Ausgangsposition erreicht ist. Auf der Uhrenscheibe ist in arabischen Ziffern die böhmische (von Sonnenauf- bis Sonnenuntergang gerechnete) Zeit abzulesen und in römischen Ziffern die uns geläufige Zeit im Zwölfstundentakt, auch der jeweilige Monat und die Stände von Sonne und Mond.

WEM DIE STUNDE SCHLÄGT: DER MAGISTER, DIE UHR UND DER TOD

Das obere Ziffernblatt der Astronomischen Uhr zeigt den Umlauf der Sonne, des Mondes und die Zeit; der untere Kreis dient als Kalendarium. Kurz vor jeder vollen Stunde kommt es zum berühmten Apostelumzug: »Der Tod läutet, wenn er die Kordel zieht, durch Kopfschütteln. Andere Figuren bewegen sich, während der Hahn flattert und die zwölf Apostel vor dem offenen Fenster vorbeigleiten ...« (Guillaume Apollinaire).

ALTSTÄDTER RING

Der nach einer um das Jahr 1900 erfolgten Erweiterung zur Moldau hin heute rund 9000 Quadratmeter große Altstädter Ring entstand bereits im 11./12. Jahrhundert als zentraler Marktplatz der Kaufleute. Aber auch Pranger und Blutgericht befanden sich hier, und im Lauf der Geschichte wurde der Platz viele Male zum Schauplatz entscheidender, oftmals blutiger Ereignisse. So erinnern im Straßenpflaster vor dem Altstädter Rathaus 27 Kreuze an die Anführer des Aufstandes gegen die Habsburger, die hier am 21. Juni 1621 hingerichtet wurden. Im Mai 1945 tobten auf dem Platz die blutigsten Kämpfe des Prager Aufstands zur Befreiung der Stadt, drei Jahre später proklamierte man hier den Sieg des stalinistischen Kommunismus. Als Treffpunkt der Studentenbewegung 1968 scherzhaft in »Hyde Park« umbenannt, spielte der Platz auch bei der »Samtenen Revolution« 1989 eine wichtige Rolle.

ALTSTÄDTER RING

Wahrzeichen der Prager Altstadt ist die Teynkirche, deren zwei Türme sich von allen Seiten unübersehbar dort über den Altstädter Ring erheben, wo schon im 10. Jahrhundert eine Kirche im »Teyn« – dem Viertel der ausländischen Kaufleute – gestanden haben soll. Vom (nicht nur architektonischen) Reichtum der Altstadt zeugen auch die den Platz säumenden prächtigen Bürgerhäuser und Paläste.

ALTSTADT UND JOSEFSTADT

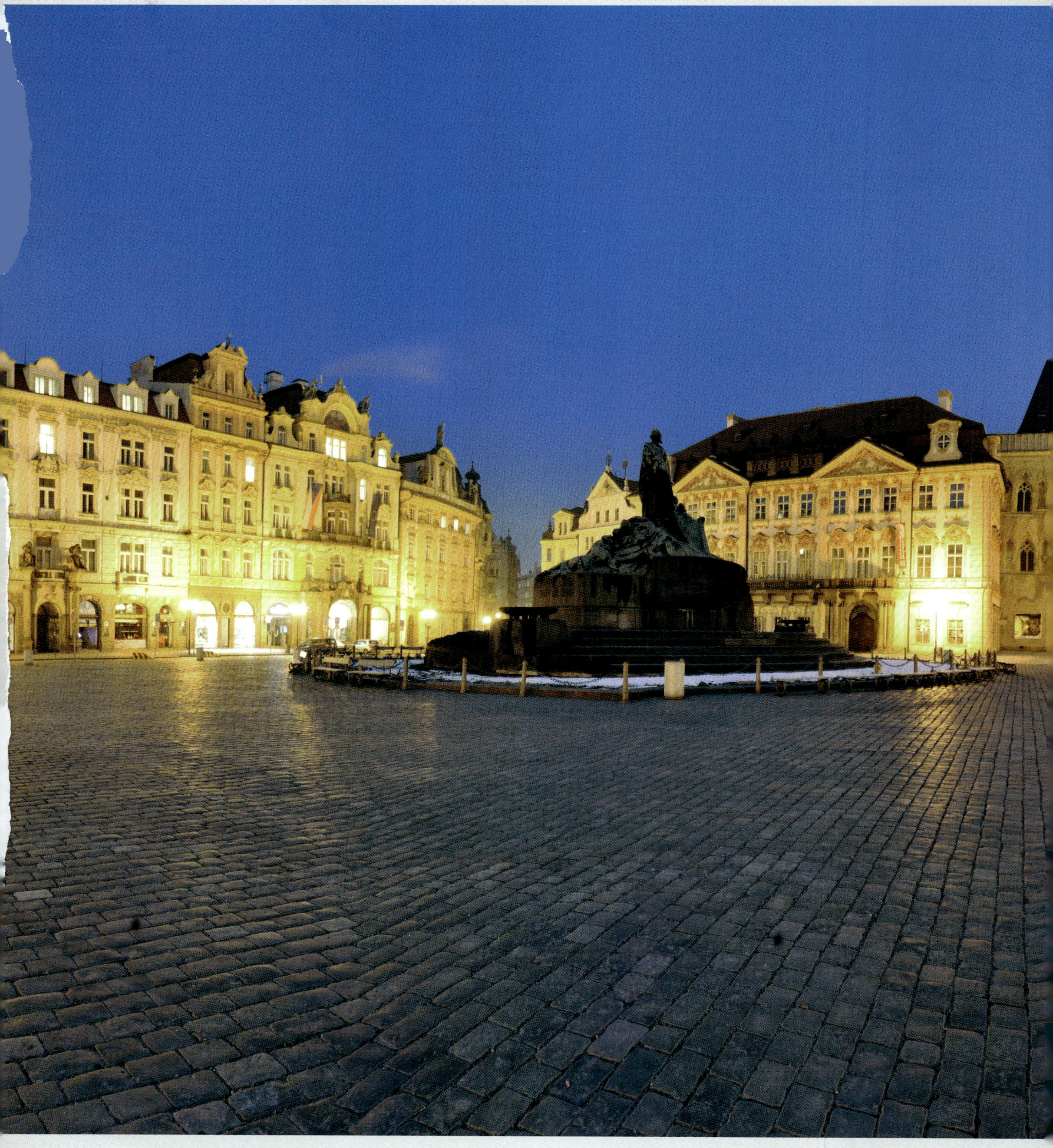

JAN HUS: »PRADA ZVÍTESÍ« – DIE WAHRHEIT SIEGT

JAN HUS: »PRADA ZVÍTESÍ« – DIE WAHRHEIT SIEGT

Er fühle sich »verpflichtet«, meinte der damalige Papst Johannes Paul II. bei seinem Pragbesuch im Jahr 1990, sein »tiefes Bedauern auszusprechen für den grausamen Tod von Jan Hus und für die daraus folgende Wunde, eine Quelle von Konflikten und Spaltungen, die dadurch in den Geist und die Herzen des tschechischen Volkes gerissen wurde«. Eine offizielle Rehabilitierung dieses am 6. Juli 1415 als Ketzer verbrannten Reformtheologen durch die römisch-katholische Kirche steht aber bis heute aus. Um das Jahr 1370 im südböhmischen Husinec geboren, studierte Hus an der Prager Universität, deren Direktor er im Jahr 1409 wurde. Als Priester stand er bis 1413 auf der Kanzel der Bethlehemskapelle in der Prager Altstadt und verbreitete dort vor bis zu 3000 Zuhörern seine Lehre, nach der die Bibel als höchste religiöse und richterliche Autorität über den menschlichen Gesetzen stehen soll. In Wenzel IV., dem die zunehmende Macht der katholischen Kirche seinerseits, wenn auch aus anderen Gründen, ein Dorn im Auge war, fand Hus zunächst einen Unterstützer. Doch aus Furcht vor einem Aufstand versagte der König dem Reformer 1412 seine Unterstützung wieder. Auf dem Konstanzer Konzil (1414–1418) der Häresie bezichtigt, starb Jan Hus auf dem Scheiterhaufen. Seine letzten Worte sollen gelautet haben: »Prada Zvítěsí«: Die Wahrheit siegt.

138 ALTSTADT UND JOSEFSTADT

JAN HUS: »PRADA ZVÍTESÍ« – DIE WAHRHEIT SIEGT

An die Ereignisse auf dem Konstanzer Konzil erinnern die beiden Darstellungen oben. Unten rechts: Jan Hus auf einem 1754 nach einem Gemälde von Hans Holbein dem Älteren entstandenen Stich. Unten link: Ladislav Šaloun, ein Hauptvertreter des tschechischen Impressionismus, orientierte sich bei seinem 1915 auf dem Altstädter Ring aufgestellten Denkmal am Werk des französischen Bildhauers Auguste Rodin.

ALTSTADT UND JOSEFSTADT 143

JAN HUS: »PRADA ZVÍTESÍ« – DIE WAHRHEIT SIEGT

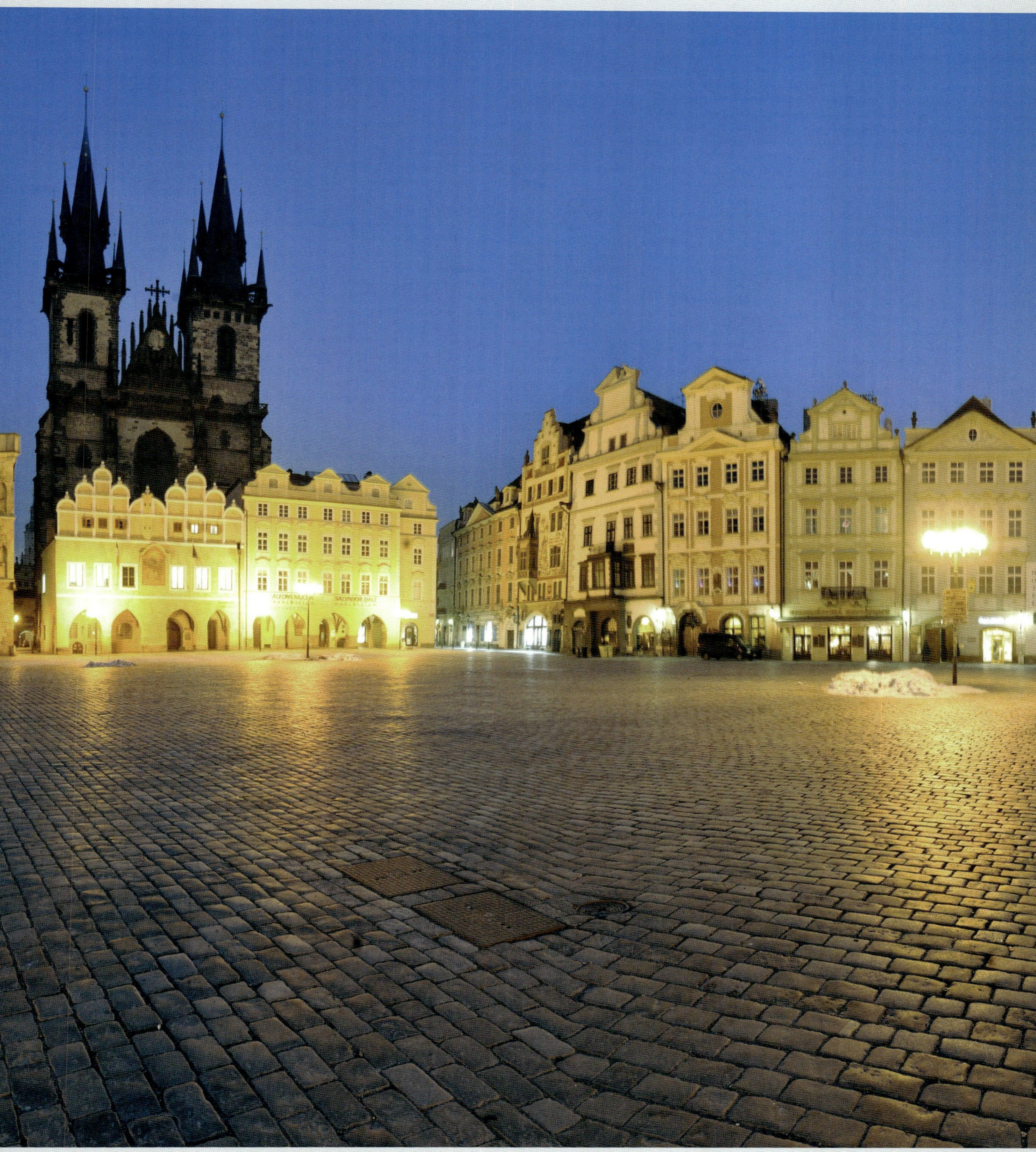

PALAIS GOLTZ-KINSKY (PALÁC GOLTZ-KINSKÝCH)

An der Ostseite des Altstädter Rings erhebt sich das im Jahr 1765 fertiggestellte Palais Goltz-Kinsky, dessen spätbarocke Pracht auf Entwürfe von Kilian Ignaz Dientzenhofer zurückgeht, der jedoch 1751, vier Jahre vor dem Baubeginn, starb. Ausgeführt wurde das im Auftrag von Johann Arnold Graf von Goltz über den Grundmauern eines romanischen und eines frühgotischen Hauses errichtete Palais von Arselmo Lurago (plastische Dekoration aus der Werkstatt Ignaz Franz Platzer); drei Jahre nach der Vollendung ging es in den Besitz des Fürsten Rudolf Kinsky über. Knapp 80 Jahre später kam hier die Autorin Bertha von Suttner zur Welt, eine geborene Gräfin von Kinsky, die 1905 als erste Frau für ihr zweibändiges Hauptwerk »Die Waffen nieder« (1889) den Friedensnobelpreis erhielt. Seit 2011 beherbergt das Palais die Sammlung der Nationalgalerie zur antiken und orientalischen Kunst.

PALAIS GOLTZ-KINSKY (PALÁC GOLTZ-KINSKÝCH)

Im Erdgeschoss betrieb Kafkas Vater ab 1903 einen Laden mit Artikeln für die Damenwelt. Zwei Jahre zuvor hatte sein Sohn im eine Etage höher gelegenen Gymnasium sein Abitur bestanden. 1948 verkündete der Staatspräsident Clemens Gottwald vom Balkon des Palais das Inkrafttreten einer neuen, kommunistischen, Verfassung; 1990 gab Vacláv Havel von derselben Stelle aus das Ende des kommunistischen Regimes bekannt.

TEYNKIRCHE (KOSTEL PANNY MARIE PŘED TÝNEM)

Nach dem St.-Veits-Dom ist die Teynkirche der bedeutendste Sakralbau Prags. Obwohl die dreischiffige Basilika nicht direkt an der Ostseite des Altstädter Rings liegt, sondern durch die vorgelagerte Teyn-Pfarrschule (Týnská škola) etwas nach hinten versetzt, beherrscht sie das Erscheinungsbild des Platzes wie sonst nur noch das Rathaus. Ihr offizieller Name lautet »St. Maria vor dem Teyn« und leitet sich vom nordöstlich der Kirche gelegenen Teynhof ab. Errichtet wurde die um 1365 von deutschen Kaufleuten gestiftete Kirche an der Stelle eines romanisch-frühgotischen Vorläuferbaus. Letzterer kann bereits für das Jahr 1135 dokumentarisch belegt werden und gehörte zu einem Hospiz für durchreisende Händler, das man in dem erwähnten Teynhof eingerichtet hatte. Der Rohbau der Teynkirche stand wohl um 1385, ab dem Jahr 1390 übernahm die Dombauhütte Peter Parlers die Bauleitung.

TEYNKIRCHE (KOSTEL PANNY MARIE PŘED TÝNEM)

Wo auch immer man sich in den Gassen der Altstadt befindet: Die beiden 80 Meter hohen Türme der Teynkirche bieten eine im Wortsinn überragende Orientierungshilfe. Der vom Altstädter Ring aus gesehen rechte (Süd-)Turm ist ein wenig dicker und wird im Volksmund »Adam«, der schlankere galanterweise »Eva« genannt. Den Hochaltar schmücken im Jahr 1649 entstandene Gemälde von Karel Škréta.

ALTSTADT UND JOSEFSTADT

ST. NIKLAS IN DER ALTSTADT (KOSTEL SVATÉHO MIKULÁŠE)

Die Niklaskirche in der Nordwestecke des Altstädter Rings ist genau wie die gleichnamige Kirche auf der Kleinseite ein Werk des 1689 in Prag geborenen Kilian Ignaz Dientzenhofer, dem Spross einer ursprünglich aus Bayern stammenden Architektenfamilie. Und wie bei ihrem Pendant am linken Moldauufer ging es den Erbauern auch hier darum, ein steinernes Zeichen der Überlegenheit des Katholizismus über alle anderen Glaubensrichtungen zu schaffen. Allerdings wurde das im Jahr 1737 geweihte Gotteshaus bereits 50 Jahre später säkularisiert und vorübergehend sogar als Lagerhaus genutzt. Später veranstalteten Militärkapellen darin Konzerte, bevor St. Niklas 1871 von der russisch-orthodoxen Gemeinde und ab 1920 von der Hussitischen Kirche übernommen wurde. Letzteres entbehrt – denkt man an die ursprüngliche Intention ihrer Erbauer – nicht einer gewissen Ironie.

ST. NIKLAS IN DER ALTSTADT (KOSTEL SVATÉHO MIKULÁŠE)

Wie sehr die architektonische Gestaltung der Kirche auf optische Überwältigung angelegt war, wird deutlich, wenn man bedenkt, dass deren gewaltige Südseite ursprünglich nur an einer winzigen Freifläche, dem Geflügelmarkt, eingezwängt stand. Erst mit der Abtragung des Krennhauses (1901) öffnete sich der Blick zum Altstädter Ring. Der Kristallleuchter im Inneren geht zurück auf die russisch-orthodoxe Gemeinde.

KLEINER RING (MALÉ NÁMĚSTÍ)

Südwestlich vom Altstädter Ring weitet sich die Karlsgasse relativ unvermittelt zu einem dreieckig angelegten Platz, dem Kleinen Ring. Von der Karlsgasse her kommenden Flaneuren mutet dieser wie eine Ouvertüre zum ungleich größer sich anschließenden Altstädter Ring an – wer in umgekehrter Richtung geht, sollte sich einen Blick für Details bewahren. Denn der Kleine Ring bietet zwar vielleicht nicht die ganz große Oper, aber sicher das authentischere Bild eines Alt-Prager Platzes. Seine Geschichte reicht bis in die Anfänge der Stadthistorie zurück, und so lassen romanische und gotische Gewölbe, aber auch manches Fassadendetail noch heute den alten Siedlungskern erkennen. Im Zentrum dieses Platzes steht der goldene Brunnen mit einem schmiedeeisernen Käfig (um 1520), auf dessen Spitze ein vergoldeter böhmischer Löwe (um 1650) thront.

KLEINER RING (MALÉ NÁMĚSTÍ)

Einer der schönsten Bauten an diesem Platz ist das im Kern romanische, 1897 umgebaute Haus »Zu den drei weißen Rosen« (unten), das meist nur »Haus Rott« genannt wird, nach dem Auftraggeber des Umbaus, einem Eisenwarenhändler. Das – den Altstädter vom Kleinen Ring trennende, im Kern gotische, später graffitoverzierte – Eckhaus »Zur Minute« (oben) gehört seit Ende des 19. Jahrhunderts zum Altstädter Rathaus.

ALTSTADT UND JOSEFSTADT

ZELTNERGASSE (CELETNÁ)

Vom Altstädter Ring bis zum – die Grenze zwischen Alt- und Neustadt markierenden – Pulverturm zieht sich in östlicher Richtung die Zeltnerstraße. Deren malerisch geschwungener Verlauf folgt weitgehend dem einer alten Handelsstraße. Ihr Baubestand ist vielfach wesentlich älter, als es die überwiegend barock geprägten Fassaden vermuten lassen. Das gilt auch für das Palais Sixt gleich am Beginn der Straße, in dem einst Petrarca als Gast Karls IV. weilte. Seinen heutigen Namen verdankt das Palais Jan Sixt von Ottersdorf, dem protestantischen Kanzler der Altstadt, der es 1567 kaufte und dessen Sohn Jan Theodor zu den 27 Aufständischen gehörte, die nach der Niederlage am Weißen Berg zum Tode verurteilt wurden. Obwohl man ihn – bereits auf dem Schafott – doch noch begnadigte, war er nicht bereit, zu konvertieren, sondern wanderte 1627 nach Dresden aus. Sein Haus wurde beschlagnahmt.

ZELTNERGASSE (CELETNÁ)

Für das leibliche Wohl der einst auf dieser Straße entlangziehenden Händler sorgten auch viele Bäcker; darauf lässt jedenfalls ihr tschechischer Name schließen: »Celetná« leitet sich von »calta« (dt. »Zelten«) ab und bezeichnete im 14. Jahrhundert einen Hefezopf oder flachen Blätterteigkuchen der hiesigen Bäckerzunft. Seit die Gasse zur Fußgängerzone umgewandelt wurde, trifft man hier oft auf Straßenkünstler.

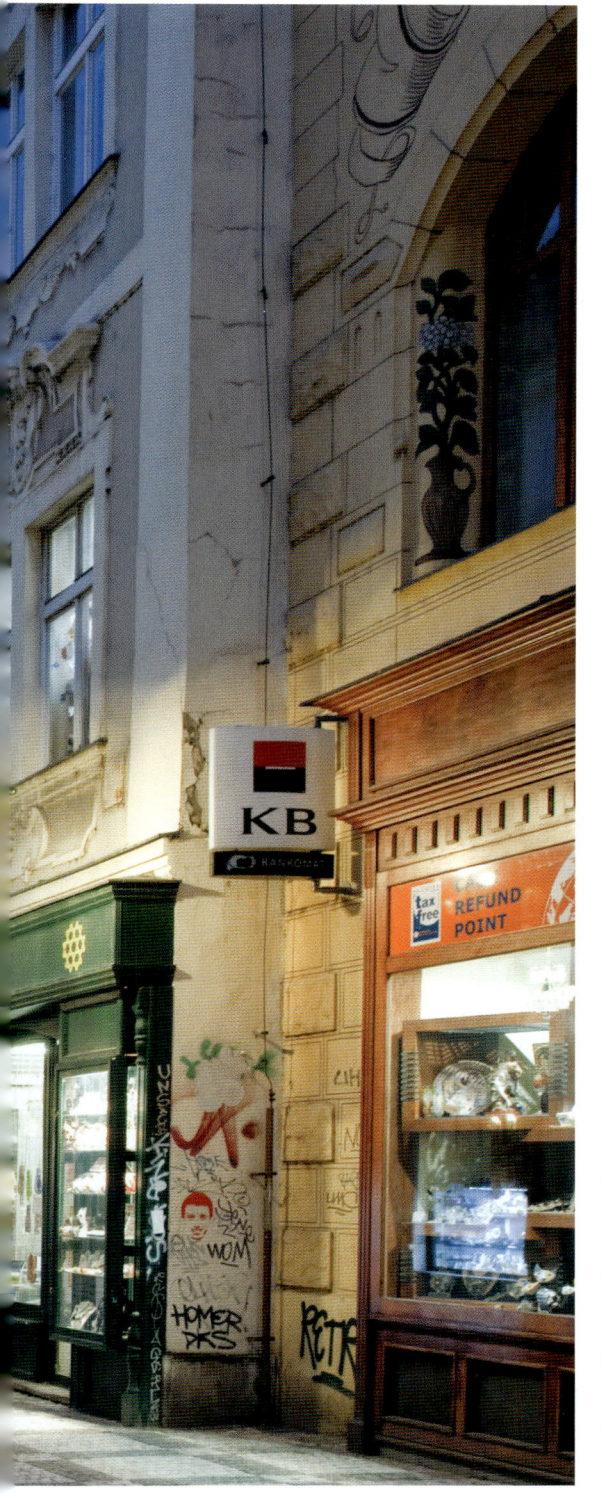

ALTSTADT UND JOSEFSTADT

TEYNHOF – UNGELT (TÝNSKY DVŮR – UNGELT)

Bereits im 11. Jahrhundert gab es hinter der Teynkirche einen herzoglichen Zollhof, in dem durchreisende Kaufleute ihre Zollgebühren – ihr »Ungelt« – bezahlen mussten, ehe sie ihre Waren verkaufen durften. Zugleich konnten hier die auswärtigen Händler ihre Fuhrwerke abstellen, ihre Waren sicher lagern und in den umliegenden Gasthäusern Kost und Logis finden. Bis ins 18. Jahrhundert garantierte der Teynhof den Zolleintreibern hübsche Einkünfte. Einem ihrer langjährigen Verwalter, Jakob Granovský von Granov, schenkte Kaiser Ferdinand I. im Jahr 1558 ein Grundstück, auf dem dieser mit der Auflage, einen Diener zum Öffnen und Schließen der Tore des Teynhofes anzustellen, sein eigenes Palais errichten konnte. Heute ist das zwei Jahre später, 1560, fertiggestellte Palais Granovský mit seiner offenen Loggia im ersten Stock das markanteste Gebäude des Hofs.

TEYNHOF – UNGELT (TÝNSKY DVŮR – UNGELT)

Das Wort »Teyn« ist sprachlich verwandt mit dem englischen Wort »town« für Stadt, das sich aus dem altengl. »tūn« für Zaun, Garten, Hof, Dorf, Ortschaft entwickelte. Hier bezeichnet es einen mit einer Mauer oder von Gebäuden umgrenzten (Zoll-)Hof, der bis 1773 als Zwischenlager, Markt und städtisches Zollamt genutzt wurde. Sein Grundriss ist noch in der ursprünglichen Form erhalten, die Gebäude sind fast alle restauriert.

ALTSTADT UND JOSEFSTADT

PULVERTURM (PRAŠNÁ BRÁNA)

Zunächst diente dieser 65 Meter hohe spätgotische Turm ausschließlich repräsentativen Zwecken: Bei seinem Bau lag die Gründung der Neustadt bereits mehr als hundert Jahre zurück – da deren Mauern nun das Prager Terrain schützten, hatten die Altstädter Befestigungsanlagen (darunter auch ein Vorgängerbau des Pulverturms) ihre Funktion verloren. Für die Grundsteinlegung im Jahr 1475 gewann der Altstädter Magistrat Vladislav II., dessen Königshof in unmittelbarer Nachbarschaft lag. Nachdem Matěj Rejsek 1478 die Bauleitung übernommen hatte, gedieh der Turm bis unter den oberen Umgang. 1484, als König Vladislav II. seine Residenz zurück auf die Prager Burg verlegte, wurden die Arbeiten eingestellt. Später setzte man dem Turm dann nur noch ein provisorisches Dach auf. Im 18. Jahrhundert lagerte man im Turm Schießpulver ein – so erklärt sich auch sein Name.

PULVERTURM (PRAŠNÁ BRÁNA)

An der Stelle des Pulverturms befand sich im 13. Jahrhundert ein befestigtes Tor: »Das gotische Prag, das Prag der Renaissance, das Prag des XIX. Jahrhunderts – was zählt, ist der Charakter. Die seltsamen, manchmal unheimlichen Gassen sind von einer geradezu grandiosen Romantik … Welche Worte vermögen die Pracht eines Abends auf dem Fluss zu schildern, oder die Sanftheit des Lichts in der Altstadt …?« (Julien Green).

AGNESKLOSTER (ANEŽSKÝ KLÁŠTER)

Um 1234 konnte Prinzessin Agnes, die jüngste Tochter von König Ottokar I. Přemysl (um 1155–1230) und Schwester des ihm nachfolgenden Königs Wenzel I. (um 1205–1255) ihren Bruder zur Gründung eines Klarissinnenklosters (nach dem Vorbild der Ordensgründung der heiligen Klara von Assisi) bewegen. Auch sie selbst zog das Klosterleben einer kalkulierten Eheschließung vor und widmete sich dort – in den Jahren 1235 bis 1237 als Äbtissin – ihrem Glauben und der Armenpflege. Zum – bis 1240 um einen Männerkonvent der Minoriten erweiterten – Klosterkomplex gehören bedeutende Sakralbauten wie die im Stil der burgundischen Zisterziensergotik errichteten Kirchen St. Barbara (1250 bis 1280) und St. Franziskus (um 1250). Als bedeutendstes Beispiel böhmischer Frühgotik gilt die Salvatorkirche (1275–1280). Bei deren Restaurierung entdeckte man auch das Grab der heiligen Agnes.

AGNESKLOSTER (ANEŽSKÝ KLÁŠTER)

Auf dem Bild oben sieht man im Vordergrund die Salvatorkirche, dahinter den Chor der Franziskuskirche. Unten links blickt man in eine der Jungfrau Maria geweihte Kapelle. Im Kloster zu besichtigen ist auch eine Ausstellung mittelalterlicher Kunst der Nationalgalerie (unten eine um 1380/1390 entstandene Holzskulptur des heiligen Ulrich von Zell und ein – 1509 – ebenfalls geschnitztes Haupt von Johannes dem Täufer).

ALTSTADT UND JOSEFSTADT

EIN FRAUENSCHICKSAL IM MITTELALTER: DIE HEILIGE AGNES VON BÖHMEN

Wenn von einer Frau gesagt wird, dass sie alle Heiratsanträge abgelehnt und stattdessen die »Krone der Jungfernschaft« gewählt habe, liegt der Verdacht nahe, dass es sich um eine Heilige handelt. In diesem Fall ließ die Heiligsprechung allerdings ein Weilchen auf sich warten: rund 700 Jahren lang, genau genommen. So lange dauerte es nämlich, bis Papst Johannes Paul II. am 12. November 1989 Agnes von Böhmen (Anežka Česká, 1211–1281) heiligsprach. Die in Prag geborene Tochter von König Ottokar I. Přemysl und seiner zweiten Frau Konstanze von Ungarn wurde schon als Dreijährige mit ihrem Cousin Boleslaw von Schlesien verlobt und ihrer zukünftigen Schwiegermutter zur Erziehung überlassen. Als Boleslaw starb, verlobte ihr Vater die inzwischen Achtjährige mit dem damals neunjährigen Sohn des deutschen Kaisers, dem späteren Heinrich IV., der dann aber eine andere heiratete. Dass sie sich dann, endlich erwachsen, gar nicht mehr vermählen wollte, auch nicht mit Friedrich II., der um ihre Hand anhielt: Wer wollte ihr das verdenken? Erst nach dem Tod ihres Vaters konnte Agnes ein eigenständiges Leben führen. Mit Unterstützung ihres Bruders, König Wenzel I., gründete sie im Jahr 1232 ein von Franziskanern versorgtes Armenspital, danach richtete sie ein Klarissinnenkloster ein, in das sie 1234 selbst eintrat.

EIN FRAUENSCHICKSAL IM MITTELALTER: DIE HEILIGE AGNES VON BÖHMEN

Dem Dynastiedenken ihrer Zeit zog die heilige Agnes die innere Einkehr vor: in ein Leben mit Gott. Oben: Das im Jahr 1350 entstandene Triptychon in der Kirche Santa Chiara in Assisi zeigt neben der Gründerin des Klarissenordens auch die heilige Agnes (oben rechts im Bild). Überliefert ist ein Briefwechsel zwischen den beiden Heiligen. Unten: ein Blick in die Ausstellung der Nationalgalerie im Agneskloster.

ALTSTADT UND JOSEFSTADT

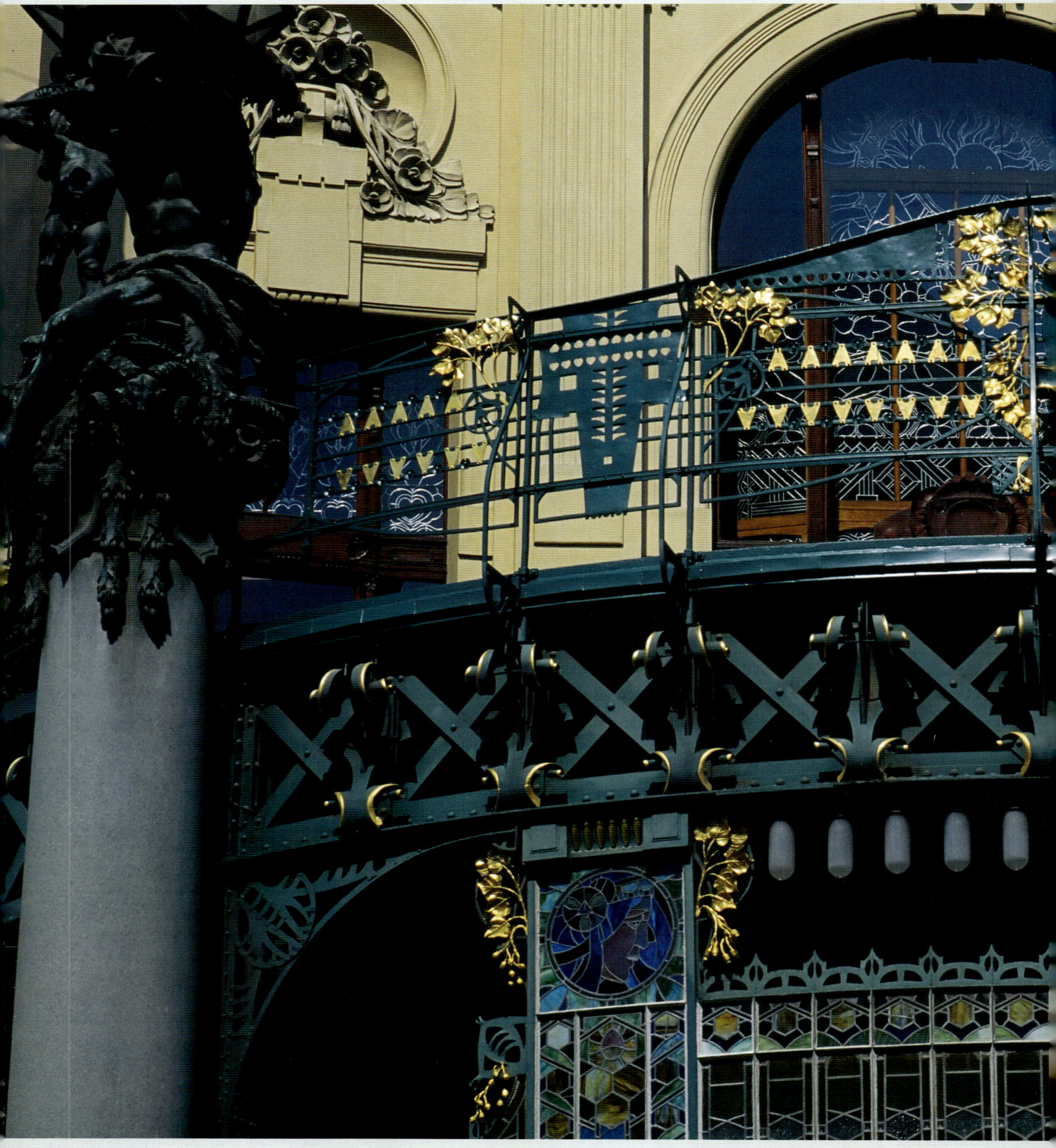

GEMEINDEHAUS (OBECNÍ DŮM)

GEMEINDEHAUS (OBECNÍ DŮM)

Einen reizvollen Kontrast zum mittelalterlichen Pulverturm bildet das nordöstlich davon gelegene, in den Jahren 1905 bis 1911 nach Plänen von Osvald Polívka und Antonín Balšánek errichtete Gemeindehaus – auch Repräsentationshaus (Reprezentační dům) und von den Pragern kurz »Repre« genannt. Zuvor befand sich an dieser Stelle der 1380 gegründete Königshof. Aus Gründen der Sicherheit wurde dieser jedoch im Jahr 1483 zugunsten der Residenz auf dem Hradschin aufgegeben. Ein Brand im 17. Jahrhundert beschädigte das Gebäude schwer; doch anschließend wurde es wieder aufgebaut und eine Kadettenanstalt darin untergebracht. Der Grundriss in Form einer unregelmäßigen Raute bedeutete für die Architekten dieses von der Stadtverwaltung verlangten neuen Prestigebaus eine ziemliche Herausforderung. Diese lösten sie meisterlich: mit einem der schönsten Jugendstilbauten Prags.

GEMEINDEHAUS (OBECNÍ DŮM)

Das Mosaik im Giebeldreieck (oben), schuf Karel Špillar als »Huldigung an Prag«; die Dekoration und das Deckengemälde im Amtszimmer des Bürgermeisters (unten links und rechte Bildleiste, zweite Abbildung von oben) verantwortete Alfons Mucha. Bemerkenswert sind auch die Glasmosaiken am Haupteingang (rechte Bildleiste, oben). Ganz unten: das Jugendstilcafé Kavárna Obecní Dům; darüber ein Blick ins Foyer des Hauses.

ALTSTADT UND JOSEFSTADT

GEMEINDEHAUS (OBECNÍ DŮM)

ALTSTADT UND JOSEFSTADT

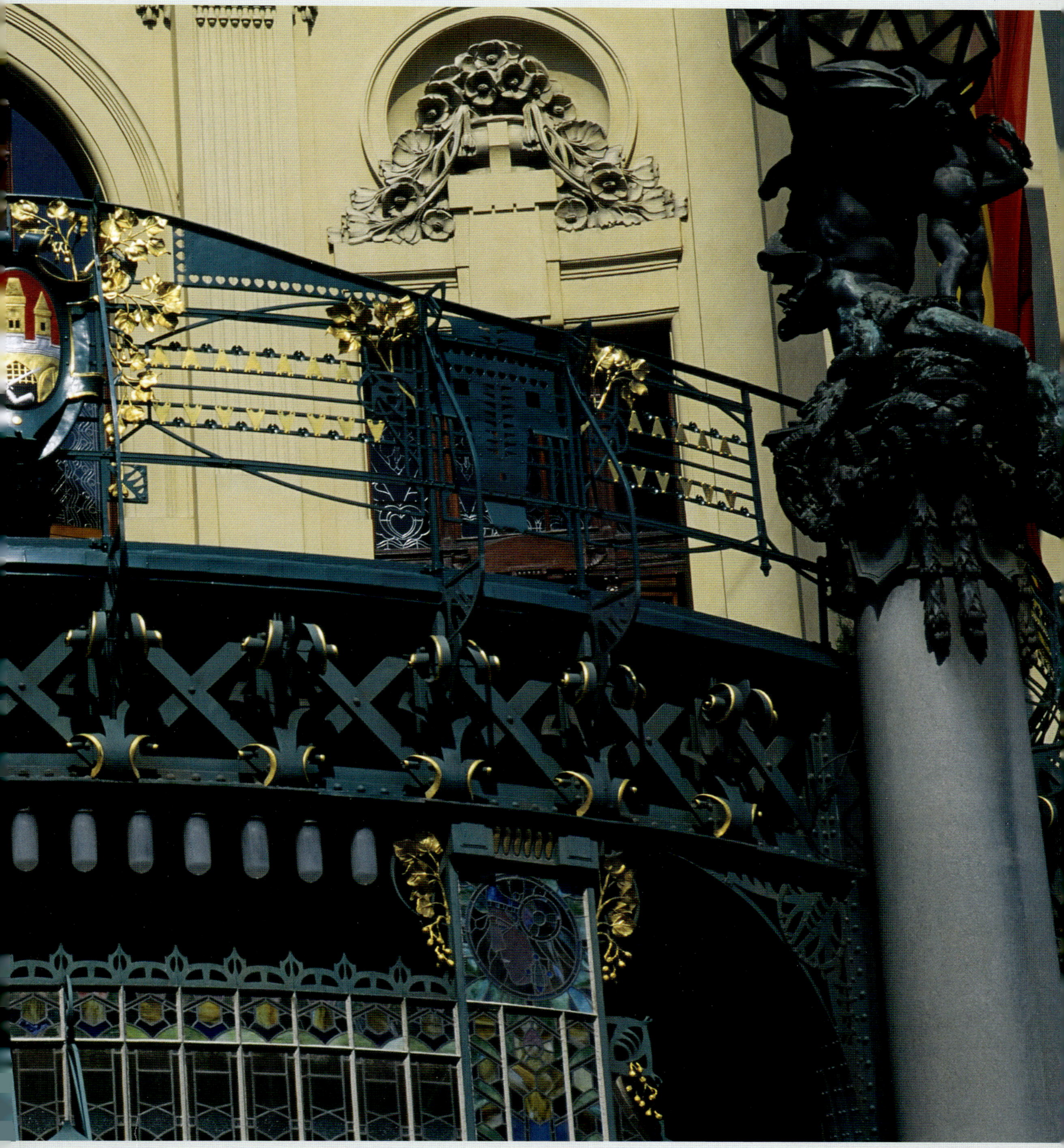

GEMEINDEHAUS (OBECNÍ DŮM)

Von Anfang an war das Gemeindehaus darauf angelegt, neben dem öffentlichen Dienstleistungsbereich auch Platz für kulturelle Veranstaltungen zu bieten – etwa im Smetana-Saal, einem der bedeutendsten Konzertsäle der Stadt. Aufbau und Gestaltung des zweigeschossigen Baus mit seinen großen rechteckigen Fenstern und Rustikabändern im Erdgeschoss, dem umlaufenden Balkon, den riesigen, von dekorativen Pilastern flankierten Rundbogenfenstern im zweiten Geschoss und dem mit Jugendstilelementen verzierten Dach sollen jedoch den Eindruck vermitteln, dass es sich keineswegs um einen schlichten Mehrzweckbau handelt, sondern um einen »Tempel der Kunst«. Oft im Smetana-Saal zu hören sind Gastspiele des 1894 gegründeten, aus Musikern des Nationaltheaters bestehenden und zu den zehn besten Orchestern Europas zählenden Philharmonischen Orchesters.

GEMEINDEHAUS (OBECNÍ DŮM)

Im Inneren des 1500 Plätze fassenden Smetana-Saals, den man über eine breite, ausladende Treppe erreicht, fällt das Licht durch ein gläsernes Kuppeldach über dem Zuschauerbereich. Das Podium flankieren zwei Skulpturengruppen von Ladislav Šaloun mit Allegorien des Vyšehrad und slawischer Tänze. Wände und Decke freskierte Karel Špillar mit Allegorien verschiedener Künste – Musik, Tanz, Poesie und Schauspiel.

ALFONS MARIA MUCHA: »ICH MACHE ES AUF MEINE WEISE«

Von allen Künstlern, die sich an der Ausschmückung des Gemeindehauses beteiligten, war Alfons Maria Mucha (1868–1939) der umstrittenste. Seine Kollegen warfen ihm vor, seine Erfolge seien ihm so zu Kopf gestiegen, dass er am liebsten alles allein gemacht hätte. Tatsächlich hat ein gewisses Ego noch keinem Künstler geschadet, und was Mucha betraf, so konnte er mit dem ebenso geäußerten Vorwurf, er widme sein Talent nicht allein seiner Vaterstadt Prag, schon deshalb gut leben, weil Prag gar nicht seine Vaterstadt war: Im südmährischen Ivančice geboren, arbeitete Mucha zunächst als Maler von Theaterdekorationen in Wien, ehe er in München und Paris Kunst studierte. Quasi über Nacht gelang ihm 1894 in der Stadt an der Seine der Durchbruch, als er ein Plakat für die Schauspielerin Sarah Bernhardt gestaltete, das »la divina« (»die Göttliche«) so begeisterte, dass sie ihn für sechs Jahre unter Vertrag nahm. Danach machte Mucha mit seinen Arbeiten für die Pariser Weltausstellung im Jahr 1900 Furore, lehrte in New York, Philadelphia und Chicago und kehrte 1910 in die Heimat zurück, um an seinem aus zwanzig monumentalen Gemälden bestehenden »Slawischen Epos« zu arbeiten. In Prag gestorben und auf dem Vyšehrad bestattet, wusste Mucha seine Kunst zu Lebzeiten so schlicht wie unwiderlegbar zu beschreiben: »Ich mache es auf meine Weise.«

ALFONS MARIA MUCHA: »ICH MACHE ES AUF MEINE WEISE«

Um die Wende vom 19. zum 20. Jahrhundert hatte Mucha (unten links ein um 1900 aufgenommenes Foto von ihm; daneben einige seiner Plakatentwürfe; oben seine 1931 entstandenen Glasfenster im St.-Veits-Dom) der Kunst wie dem Kunstgewerbe schon so sehr seinen Stempel aufgedrückt, dass viele vom »Style Mucha« sprachen statt von »Jugendstil« oder »Secession«. Bis heute werden seine Plakate nachgedruckt.

Altstadt und Josefstadt

PARISER STRASSE (PAŘÍŽSKÁ)

Wem nach einem Besuch im Agneskloster, nach innerer Einkehr und himmlischer Verführung, der Sinn wieder mehr nach irdischen Vergnügungen steht, dem Schlendern entlang einer Luxusmeile etwa, der findet hier das richtige Kontrastprogramm: Angelegt wurde die nicht zufällig nach der Seinemetropole benannte Pariser Straße anlässlich der Sanierung des ehemaligen jüdischen Gettos gegen Ende des 19. Jahrhunderts. Sie verläuft vom Altstädter Ring in nordwestlicher Richtung zum Moldauufer, wo die Josefstadt durch die in den Jahren 1905 bis 1908 nach Plänen des Architekten Jan Koula im Jugendstil errichtete, knapp 170 Meter lange und 16 Meter breite Čech-Brücke (Čechův most) mit dem gegenüberliegenden Kai des Letnáparks verbunden ist. Zu beiden Seiten säumen in besonders reinem, elegantem neobarockem oder Sezessionsstil errichtete Bauten die Straße.

PARISER STRASSE (PAŘÍŽSKÁ)

Heute trifft man in der nach dem Vorbild der Haussmann'schen Grands Boulevards errichteten Pariser Straße auf viele luxuriöse Geschäfte. Franz Kafka aber fand die »alte ungesunde jüdische Stadt ... viel wirklicher als die neue hygienische Stadt um uns herum«: Die »verborgenen Schlupfwinkel, die geheimen Durchgänge, die blinden Fenster, die schmutzigen Hinterhöfe, die ... finsteren Wirtshäuser leben in uns fort«.

ALTSTADT UND JOSEFSTADT

DAS PRAGER GETTO

Die schon seit dem 10. Jahrhundert belegte jüdische Gemeinde von Prag ist eine der ältesten und bedeutendsten des gesamten Abendlandes. Seit dem 13. Jahrhundert lebten die Prager Juden in einem eigenen Stadtviertel rund um die Altneusynagoge, das zum Getto wurde, als ein päpstlicher Erlass bestimmte, dass Juden nur noch in einer ummauerten Siedlung leben durften – separiert von den Christen. Heute ist von diesem mit engen Gässchen und mittelalterlichen Häusern labyrinthisch angelegten Viertel nur noch wenig zu sehen: das frühere Jüdische Rathaus, sechs Synagogen und ein Teil des Alten Jüdischen Friedhofs. Alles andere wurde um die Wende zum 20. Jahrhundert abgerissen, um dem modernen Prag Platz zu machen. Wach hält die Erinnerung an das in seiner Geschichte mehrfach von Bränden, der Pest und schrecklichen Pogromen heimgesuchte Prager Getto die heutige Jüdische Gemeinde mit rund 1600 Mitgliedern, die auch das im Jahr 1906 von dem Hebraisten Salomon Hugo Liebern in der Altstadt gegründete Jüdische Museum betreibt – eines der ältesten jüdischen Museen der Welt. Dessen Ausstellungen verteilen sich auf einen beeindruckenden Rundgang durch sechs historische Stätten der ehemaligen Judenstadt: Maisel-, Klausen-, Pinkas- und Spanische Synagoge, Alter Jüdischer Friedhof, Zeremoniensaal.

DAS PRAGER GETTO

Die Spanische Synagoge (Španělská synagoga; alle Abbildungen) steht an der Stelle der im 12. Jahrhundert gegründeten ältesten Synagoge der Stadt, der »Altschul« (»Stará škola«). Im 15. und 16. Jahrhundert entwickelte sie sich zu einem Zentrum der 1492 aus Spanien vertriebenen sephardischen Juden. Ihnen zu Ehren wurde der 1893 nach Entwürfen von Ignaz Ullmann vollendete Neubau im maurischen Stil errichtet.

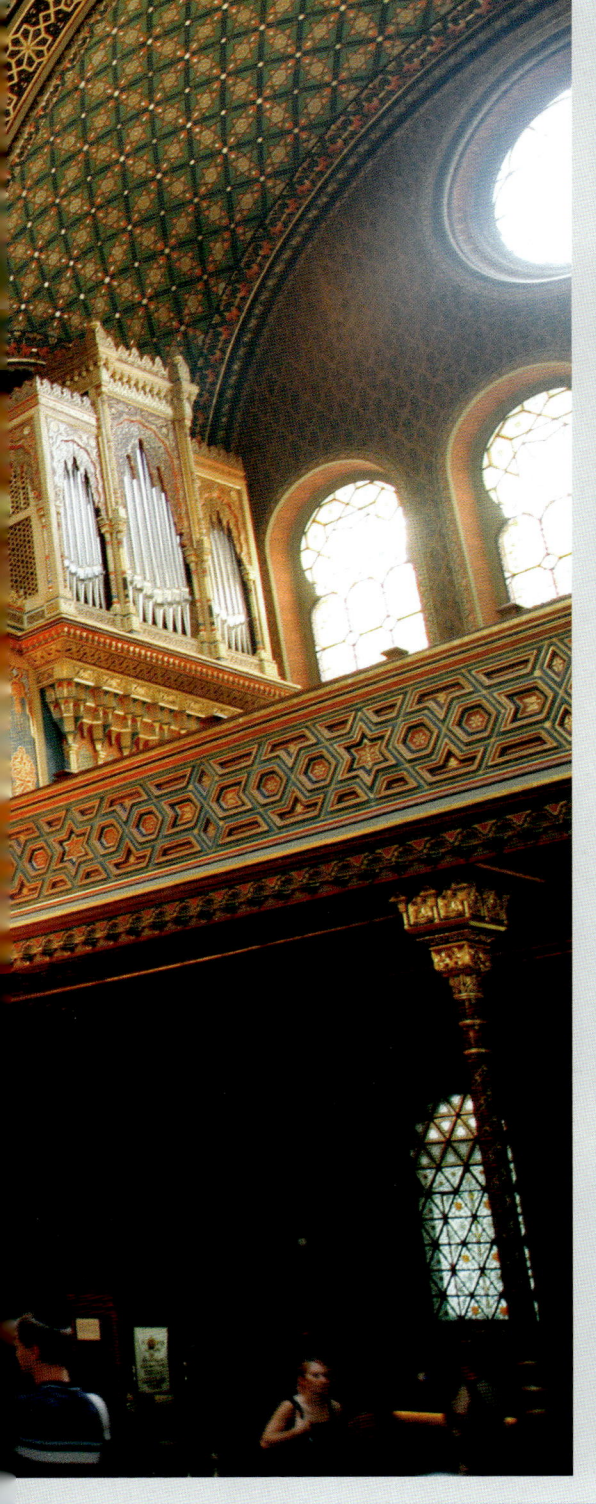

ALTNEUSYNAGOGE (STARONOVÁ SYNAGÓGA)

Diese – als zweite jüdische Andachtsstätte Prags um 1270 errichtete – Synagoge ist die älteste erhaltene Synagoge Europas, in der bis heute Gottesdienste abgehalten werden. Zugleich gehört sie zu den frühesten gotischen Bauwerken der Stadt. Errichtet wurde das stilistische Anklänge an die frühe Zisterziensergotik aufweisende Gebetshaus wohl wegen des Zuzugs deutscher Juden aus Regensburg, Speyer und Worms von der – damals auch noch mit dem Bau des Agnesklosters beschäftigten – Königlichen Bauhütte. Bekanntester Rabbi der Synagoge war der Gelehrte Jehuda Liwa ben Bezalel, genannt »Rabbi Löw« (1512–1609), der legendäre Schöpfer des Golems: So nennt man eine aus Lehm geformte (Golem: hebräisch »Klumpen«), durch magische Kräfte für eine gewisse Zeit belebte menschenähnliche Sagengestalt, deren Reste angeblich noch auf dem Dachstuhl der Synagoge versteckt sind.

ALTNEUSYNAGOGE (STARONOVÁ SYNAGÓGA)

Woher die Synagoge (unten der Gebetsraum; oben die Westfassade mit dem ehemaligen Jüdischen Rathaus rechts im Bild) ihren Namen hat, ist ungeklärt. Vielleicht handelt es sich um eine Ableitung des hebräischen Wortes »altnai« (»vorübergehend«, »unter der Bedingung, dass«), was sich auf eine Legende beziehen könnte, die besagt, dass Engel für den Bau Steine vom Jerusalemer Tempel »ausliehen« (bis zum Jüngsten Gericht).

DER KAISER UND SEIN BANKIER

»Die Juden sagen von ihm, wenn die ganze Stadt ein schwarzes Jahr hat, so ist das seine in Milch gekocht« (Leo Perutz): Gemeint ist Mordechai (Markus) Maisel (1528–1601), Hofbankier und Primas der Judenstadt unter Kaiser Rudolf II., einer der reichsten Männern seiner Zeit. Als bedeutender Finanzier konnte er dem Kaiser einige Zugeständnisse abringen, die den Juden das Leben in Prag erleichterten. Allerdings gewährte der Kaiser diese Zugeständnisse nicht aus Nächstenliebe, sondern verstand sie als Teil eines Kompensationsgeschäftes: Im Gegenzug musste Maisel ihm die Hälfte seines Vermögens vermachen. Da diesem das Schicksal der Prager Juden aber offenbar mehr am Herzen lag als das kaiserliche Portefeuille, fand er einen Weg, wie er das Erbe am Ende seiner Tage vergleichsweise bescheiden aussehen lassen konnte: Maisel ging als einer der bedeutendsten Bauherren und Mäzene in die Geschichte der Stadt ein. Unter anderem stiftete er ihr ein Armenhaus und ein Hospital sowie mehrere Talmudschulen. Zudem finanzierte er die gleich neben dem Alten Jüdischen Friedhof gelegene, gegen Ende des 16. Jahrhunderts errichtete Klausensynagoge. Ab dem Jahr 1592 ließ er für sich und seine Familie die nach ihm benannte Maisel-Synagoge errichten. Auch das Jüdische Rathaus ist eine Stiftung Maisels.

DER KAISER UND SEIN BANKIER

Mordechai Maisel gehört zu den zentralen Figuren in Leo Perutz' Roman »Die Nacht unter der Steinbrücke«, in dem das Prag unter Rudolf II. wieder lebendig zu werden scheint. In »seinen« Synagogen präsentiert heute das Jüdische Museum zwei Dauerausstellungen: die Geschichte der Juden in Böhmen und Mähren in der Maisel-Synagoge (oben) sowie jüdische Traditionen und Bräuche in der Klausensynagoge (unten).

ALTSTADT UND JOSEFSTADT

ALTER JÜDISCHER FRIEDHOF (STARÝ ŽIDOVSKÝ HŘBITOV)

»Alles, was in dieser Stadt an Sagen und Liedern entstanden ist, ist erfüllt von der Sehnsucht nach einem prophezeiten Tag, an welchem die Stadt von einer Riesenfaust in fünf kurz aufeinanderfolgenden Schlägen zerschmettert werden wird. Deshalb hat die Stadt auch die Faust im Wappen« (Franz Kafka). Der älteste, dem Gelehrten und Dichter Avigdor Kara gehörende Grabstein auf dem in der ersten Hälfte des 15. Jahrhunderts angelegten Alten Friedhof stammt aus dem Jahr 1439, die letzte Beisetzung fand dort 1787 statt. Schon zuvor hatte man, wegen der Pest im Jahr 1680, im Stadtteil Žižkov einen neuen, den zweitältesten Jüdischen Friedhof angelegt. Denn Pestopfer durften damals nicht auf dem eigentlichen Friedhof bestattet werden. Auch Kafka, der am 3. Juni 1924 starb, liegt in Žižkov begraben, allerdings auf einem noch neueren, erst 1890 gegründeten Jüdischen Friedhof.

ALTER JÜDISCHER FRIEDHOF (STARÝ ŽIDOVSKÝ HŘBITOV)

Das berühmteste Grab auf dem Alten Jüdischen Friedhof ist die Tumba von Rabbi Löw (rechte Bildleiste, zweites Bild von oben). Fast 12 000 Grabsteine findet man hier, die Zahl der Bestatteten dürfte deutlich höher sein. Nach jüdischem Gesetz dürfen Gräber nie aufgelöst werden: Als der mehrfach erweiterte Friedhof zu klein wurde, schüttete man Erdschichten auf, sodass wohl auch mehrere Grabschichten übereinander liegen.

ALTSTADT UND JOSEFSTADT

PINKASSYNAGOGE (PINKASOVA SYNAGOGA)

Die baulichen Ursprünge der Pinkassynagoge reichen bis ins frühe Mittelalter zurück – eine Talmudschule lässt sich für diesen Ort sogar bis ins 11. Jahrhundert zurückverfolgen. Benannt ist die Synagoge nach dem Rabbi Pinkas, der sein Haus im 14. Jahrhundert an die Familie Horowitz verkaufte. Zwischen dem Haus und der Südseite des Alten Jüdischen Friedhofs ließ Aron Meschullam Horowitz im Jahr 1535 die Pinkassynagoge errichten. In den Nachkriegsjahren baute man sie um zu einer Gedenkstätte für die dem NS-Rassenwahn zum Opfer gefallenen tschechischen und mährischen Juden. Im ersten Stock der Synagoge zeigt eine Ausstellung Kinderzeichnungen aus Theresienstadt. Diese entstanden in den Jahren 1942 bis 1944, als im dortigen Konzentrationslager über 10 000 Kinder ein grausames Schicksal erfuhren. Zum Zeitpunkt ihrer Inhaftierung waren sie noch keine 15 Jahre alt.

PINKASSYNAGOGE (PINKASOVA SYNAGOGA)

An den Wänden der Synagoge stehen die Namen von rund 80 000 in der NS-Zeit umgebrachten tschechischen und mährischen Juden mit ihren Geburts- und Sterbedaten sowie den Namen ihrer jeweiligen Gemeinden. 1968 musste die Synagoge wegen der Gefahr eindringenden Grundwassers geschlossen werden. Die notwendige Renovierung – absichtlich verzögert durch das kommunistische Regime – konnte erst ab 1990 vollendet werden.

RUDOLFINUM (RUDOLFINUM)

Der Architekt des Kunstgewerbemuseums, Josef Schulz, war zusammen mit Josef Zítek auch am Bau des nahen Rudolfinums beteiligt, dem heutigen Sitz der Tschechischen Philharmonie. Benannt wurde das um 1880 errichtete »Haus der Künstler« (Dům umělců) nach seinem Schirmherrn, dem österreichischen Kronprinzen Rudolf. Ursprünglich als Konzerthaus und Ausstellungsgebäude gedacht, tagte darin zwischen den beiden Weltkriegen das tschechische Parlament. Im Zweiten Weltkrieg diente es den deutschen Besatzern als Hauptquartier. In diese Zeit fällt eine berühmte »Verwechslung«, bei der tschechische Arbeiter nicht, wie von den Besatzern gefordert, die Statue des jüdischen Komponisten Felix Mendelssohn Bartholdy abmontierten, sondern die von Hitlers Lieblingskomponisten Richard Wagner, der einst gegen seinen Kollegen antisemitisch agitiert hatte.

RUDOLFINUM (RUDOLFINUM)

»Es ist vollkommen zufriedenstellend, vor einem Konzert oben auf der großen Treppe im Rudolfinum wartend zu verweilen, den Rücken an das sanfte Rauschen der erleuchteten Säle gelehnt, den Blick zur anderen Seite des Platzes und zu den Straßenbahnen gerichtet ...« (Petr Král). Der Dvořák-Saal (unten links) gehört zu den Hauptveranstaltungsorten des jährlich stattfindenden Musikfestivals »Prager Frühling«.

ALTSTADT UND JOSEFSTADT

KUNSTGEWERBEMUSEUM (UMĚLECKOPRŮMYSLOVÉ MUZEUM)

Das am Westrand des Alten Jüdischen Friedhofs gelegene Kunstgewerbemuseum wurde bereits 1885 gegründet, zeigte seine Sammlungen aber zunächst in den Räumen des Rudolfinums. Das eigene Haus wurde erst in den Jahren 1897 bis 1899 nach Entwürfen des in Prag gebürtigen Architekten und Designers Josef Schulz (1814–1917) gebaut, der sich dabei vom Stil der französischen Neorenaissance beeinflussen ließ. Heute präsentiert das im Jahr 1900 feierlich eröffnete Museum eine weltberühmte Glas-, Keramik- und Porzellansammlung sowie Möbel (16.–19. Jahrhundert) und Goldschmiedearbeiten (15.–19. Jahrhundert). Auch Textilien werden gezeigt, Grafik- und Architekturdesign sowie Fotografien aus den Jahren 1839 bis 1950. Die bedeutende, dem Publikumsverkehr offen stehende Fachbibliothek des Hauses birgt auch eine Sammlung von Pergamenten des 15. Jahrhunderts.

KUNSTGEWERBEMUSEUM (UMĚLECKOPRŮMYSLOVÉ MUZEUM)

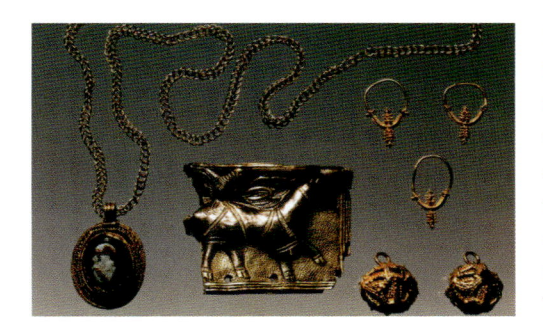

Den Fassadenschmuck des Museums, dessen Reliefs Kunsthandwerke symbolisieren, schufen Bohuslav Schnirch und Antonín Popp. Die »Straße des 17. November« (»ulice 17. Litopadu«), in der das Museum steht, erinnert an eine Demonstration tschechischer Studenten im Jahr 1939 gegen die Nazis. Das Glasfenster entwarf der Architekt des Hauses (unten rechts; daneben ein Blick ins Treppenhaus; oben Goldschmiedearbeiten).

ALTSTADT UND JOSEFSTADT

ZUR KUBISTISCHEN ARCHITEKTUR PRAGS

»Die Architektur hat zwei Funktionen«, meinte Jan Kotěra, der Begründer der modernen tschechischen Architektur, »zum einen die Schaffung eines Raumes und zum anderen seine Ausgestaltung. Das Konzept des Raumes ist die Wahrheit selbst, während seine Ausgestaltung Ausdruck der Wahrheit ist.« Zu diesem Verständnis vom architektonischen Bauen als dem Schaffen eines Gesamtkunstwerks gehört, dass sich der künstlerische Erfindungsgeist auch in der Sorgfalt zeigt, mit der Farben und Formen gestaltet und Werkstoffe ausgewählt werden. In besonderem Maße gilt dies für eine Strömung, die den Kubismus von der Malerei auf die Architektur übertrug und sich dabei nicht nur der äußeren Form, sondern auch der inneren Gestaltung bis hin zu Möbeln und Alltagsgegenständen widmete. Auch wenn es sich dabei nur um eine kurze, etwa von 1909 bis 1925 dauernde Strömung handelte, trug diese doch bereits den Keim für die moderne Nachkriegsarchitektur in sich. Daran erinnert das zur Nationalgalerie gehörende Tschechische Kubismusmuseum, das im Haus »Zur Schwarzen Gottesmutter« untergebracht ist. Wer dieses Museum besucht, findet auch im – als scharf gekanteten Kubus gestalteten, dem Spiel von Licht und Schatten berechenbar Raum gebenden – Haus selbst ein sehr anschauliches Beispiel der kubistischen Architektur Prags.

ZUR KUBISTISCHEN ARCHITEKTUR PRAGS

Die Madonnenfigur (unten links), die dem »Haus zur Schwarzen Muttergottes« (Celetná 34, alle Abbildungen) ihren Namen gab, könnte leicht in die Irre führen: Sie stammt noch von dem barocken Vorgängerbau, während das heutige Haus eines der schönsten Beispiele für die kubistische Architektur Prags ist. Entworfen wurde es in den Jahren 1911/1912 von Josef Gočár, an den im Inneren eine Büste erinnert (rechte Bildleiste).

NEUSTADT (NOVÉ MĚSTO)

»Neu« ist dieser Teil der Stadt nur in Relation zur Altstadt, an die er im Süden angrenzt. Den Anstoß zur Bebauung des Areals gab im Jahr 1348 Karl IV., unter dessen Ägide Prag zu einem kulturellen und wirtschaftlichen Zentrum aufstieg, wie es in Europa kaum ein zweites gab. Die Neustadt expandierte sehr schnell und war bald das am dichtesten besiedelte Stadtviertel. Während die Altstadt fest in der Hand von Bürgern und Kaufleuten sowie einigen Adeligen war, wohnten im neu erschlossenen Gebiet in erster Linie Handwerker, Tagelöhner und vom frühen 19. Jahrhundert an auch viele Industriearbeiter.

Jugendstilschmuck im Hauptbahnhof: »Wir wollen und befehlen also, dass die zu erbauende Stadt die Neustadt heiße ... Wir erteilen ... dieser neuen Stadt alle Freiheiten ... und Würden, derer die alte Stadt genießet und sich freuet« (Karl IV. in seiner Gründungsurkunde der Neustadt, 1348).

EINE NEUE KUNSTEPOCHE: JUNG UND MODERN

Ausgelöst durch die Aufbruchstimmung vor der Wende vom 19. zum 20. Jahrhundert entwickelte sich in den späten 1880er-Jahren eine neue Kunstepoche, der man verschiedene Namen gab: In Deutschland sprach man vom »Jugendstil« (nach der 1896 gegründeten Zeitschrift »Jugend«), in Österreich vom »Secessionsstil« (wegen der Abspaltung/Secession einer jüngeren Künstlergruppe von der älteren akademischen Tradition), in Frankreich vom »Art nouveau« (nach der Firmenbezeichnung eines Pariser Kunsthändlers), in England vom »Modern Style« und in Spanien vom »Stile moderniste«. Geeint wurde diese Epoche durch die gemeinsame Suche nach einem »neuen Ganzen«, einem stilistisch einheitlichen, alle Bereiche des künstlerischen Schaffens umfassenden Gesamtkunstwerk. Bewusst abgrenzen wollte man sich dabei zum einen vom vorangegangenen, sich in der Wiederholung hergebrachter Formen erschöpfenden Historismus und zum anderen vom rein mechanistischen Weltbild der Industriellen Revolution. Letzteres führte zu einem »Zurück zur Natur«, zur Verwendung organischer, oft pflanzlicher, fließender Formen. Fließend war auch der Übergang zu den nachfolgenden Kunstepochen, welche die zwischen 1906 und 1914 endende, aber noch lange nachwirkende Jugendstilepoche ablösten: »Expressionismus« und »Art déco«.

EINE NEUE KUNSTEPOCHE: JUNG UND MODERN

Viele junge tschechische Architekten besuchten damals das Atelier des Österreichers Otto Wagner – so fand die Wiener Secession ein starkes Echo in der Prager Secession. Gut zu erkennen ist das etwa am 1911 bis 1914 von Antonín Pfeiffer und Matěj Blecha errichteten Koruna-Palast (unten links/rechts) an der Ecke Wenzelsplatz/ Am Graben. Jugendstildekor schmückt auch manchen Palast am Altstädter Ring (oben).

HAUPTBAHNHOF (HLAVNÍ NÁDRAŽÍ)

Zu den berühmtesten Beispielen für die Prager Secession gehört der Hauptbahnhof, von dem ab 1871 die ersten Züge nach Wien fuhren. Die ursprüngliche Bahnhofshalle – ein nach Kaiser Franz Joseph I. benanntes Neorenaissancegebäude – wurde im ersten Jahrzehnt des 20. Jahrhunderts durch den heutigen Jugendstilbau ersetzt. Nach Entwürfen von Josef Fanta entstand ein Hauptgebäude, von dem zwei Galerien abgehen, die ihrerseits von Pavillons abgeschlossen werden. Ungewöhnlich ist die Gestaltung der Hauptfassade mit zwei Türmen und einer – an mittelalterliche Stufengiebel erinnernden – Arkade dazwischen. Den bildhauerischen Fassadenschmuck schuf Ladislav Šaloun, von dem auch das Jan-Hus-Denkmal auf dem Wenzelsplatz stammt. In den 1970er-Jahren wurde der Bahnhof modernisiert und an das Prager Metronetz angeschlossen.

HAUPTBAHNHOF (HLAVNÍ NÁDRAŽÍ)

Die Raumwirkung der Bahnhofshalle erinnert entfernt an das römische Pantheon – als ob die Ambitionen Karls IV., in Prag ein neues Rom einzurichten, hier eine späte Umsetzung gefunden hätten. Zwei Grazien schmücken den Torbogen im Inneren, über dem Prag zur »Mutter aller Städte« (»Praga mater urbium«) erklärt und der 28. Oktober 1918 als Tag der tschechoslowakischen Unabhängigkeit genannt wird.

JUBILÄUMSSYNAGOGE (JUBILEJNÍ SYNAGOGA)

Zeugnisse jüdischen Lebens findet man in Prag überall, auch außerhalb des historischen Zentrums. In der Prager Neustadt wohnten Juden schon seit deren Gründung im Jahr 1348: Karl IV. hatte ihnen gestattet, sich dort niederzulassen, sofern sie »aus Stein und gründlich bauen« würden. Letzteres lässt sich ganz gewiss für diese jüngste und größte Synagoge der Jüdischen Gemeinde Prags sagen, die im Jahr 1906 fertiggestellt wurde. Gedacht war sie als Ersatz für die im Rahmen der Modernisierung der Josefstadt zum Ende des 19. Jahrhunderts zerstörten jüdischen Kultstätten. Errichtet wurde das 850 Plätze bietende Gotteshaus nach Entwürfen des Wiener Architekten Wilhelm Stiassny im maurischen Stil. Passend zur Entstehungszeit flossen aber auch Jugendstilelemente in die zu Ehren des fünfzigjährigen Jubiläums der Regentschaft von Kaiser Franz Joseph I. so benannte Jubiläumssynagoge ein.

JUBILÄUMSSYNAGOGE (JUBILEJNÍ SYNAGOGA)

Vom Hauptbahnhof führt die Jerusalemstraße direkt zur Jubiläumssynagoge (Jeruzalémská 7). Neben der Altneusynagoge ist sie heute die einzige Synagoge, in denen die jüdische Gemeinde noch Gottesdienste abhält. Alle anderen wurden entweder abgerissen oder dienen inzwischen anderen Zwecken. In keiner anderen Synagoge der Welt findet man einen mit gemalten Jugendstilornamenten verzierten Innenraum wie hier.

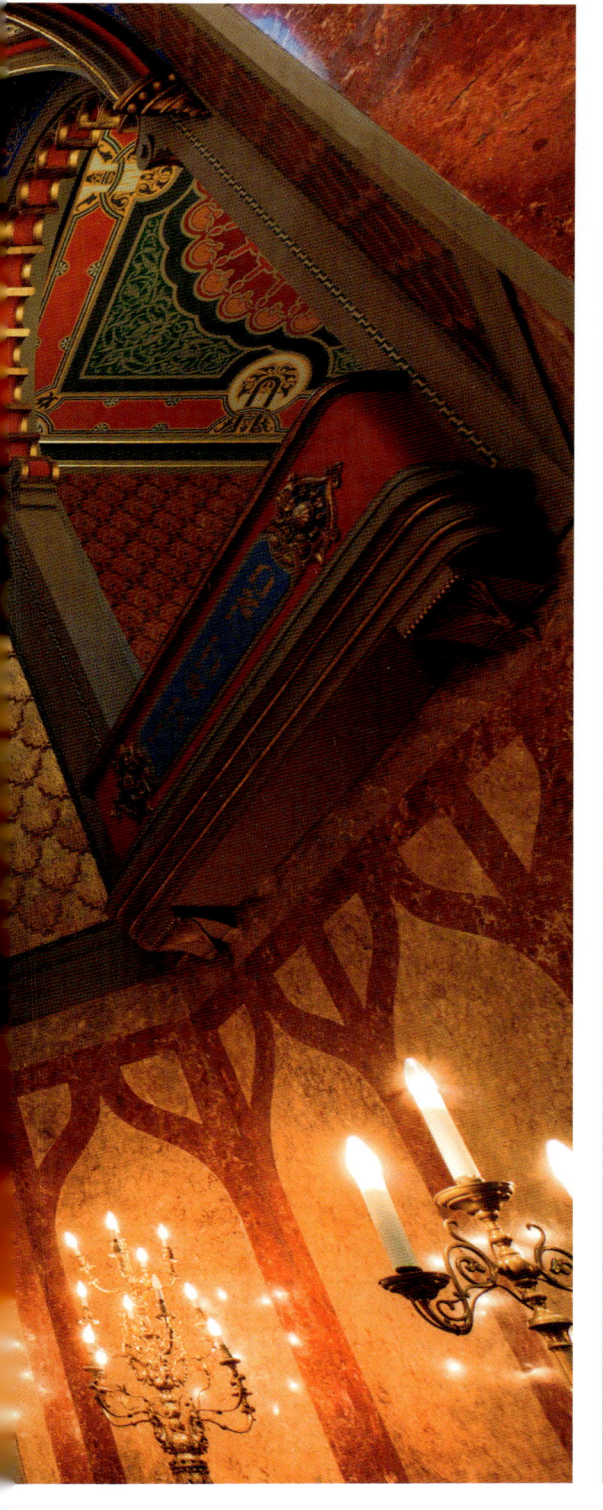

WENZELSPLATZ (VÁCLAVSKÉ NÁMĚSTÍ)

Bei der Gründung der – die Altstadt flächenmäßig weit übertreffenden – Neustadt legte man drei weitläufige Plätze an, auf denen Märkte und Paraden abgehalten werden sollten: den Heumarkt (Senovážne náměstí), den Rindermarkt (der heutige Karlsplatz) und den Rossmarkt. Letzterer wird seit 1848 nach dem heiligen Wenzel von Böhmen »Wenzelsplatz« genannt. Während des »Prager Frühlings« (1968) fanden hier Massendemonstrationen gegen die Truppen des Warschauer Pakts statt, die in die damalige Tschechoslowakei einmarschiert waren, um das Reform- und Liberalisierungsprogramm der Regierung zu unterdrücken. Aus Protest gegen die sowjetische Invasion verbrannten sich 1969 die Studenten Jan Palach und Jan Zajíc unweit des Wenzeldenkmals. Auch als Zentrum der »Samtenen Revolution« im November 1989 ging der Platz in die Geschichte ein.

WENZELSPLATZ (VÁCLAVSKÉ NÁMĚSTÍ)

Mit seinen gewaltigen Ausmaßen von 750 Metern Länge und 60 Metern Breite gleicht der Wenzelsplatz eher einem großen Boulevard. Am Sockel des von Josef Václav Myslbeck geschaffenen, 1912 aufgestellten und von den vier Schutzpatronen Böhmens (Ludmilla, Prokop, Adalbert/Vojtěch, Agnes) umgebenen Reiterstandbilds des heiligen Wenzel mahnt eine Inschrift: »Lass uns und unsere Nachkommen nicht untergehen.«

HOTEL EUROPA (HOTEL EVROPA)

Das in den Jahren 1903 bis 1905 errichtete Hotel Europa ist eine Gemeinschaftsarbeit der Architekten Bedřich Bendelmayer und Alois Drýak und gilt als »Krönung des Prager Secessionsstils«. Das gesamte, florale und geometrische Elemente vereinende Formenspektrum dieser Epoche findet man hier sowohl an der Außenfront als auch im Inneren: verzierte Balkone, Mosaiken, Vergoldungen ... Als Hotel hat das Haus am Wenzelsplatz seine besten Jahre längst hinter sich gelassen – lohnend ist ein Besuch des Jugendstilcafés im Erdgeschoss mit seiner noch weitgehend originalen Ausstattung. Ansonsten lebt man hier vom Ruhm vergangener Zeiten: 1912, als das Hotel noch »Erzherzog Stephan« hieß, las Franz Kafka in dessen »Spiegelsaal« seine kurz zuvor entstandene Erzählung »Das Urteil« vor, »mit einer still verzweifelten Miene« (Rudolf Fuchs) in seiner ersten und einzigen öffentlichen Lesung.

HOTEL EUROPA (HOTEL EVROPA)

Den in goldenen Lettern am Stirngiebel prangenden Namen »Grand Hotel Europa« erhielt das Haus erst nach der kommunistischen Machtübernahme im Februar 1948. Das Dach krönt eine Statuengruppe von Ladislav Šaloun – eine von Feen umgebene Lampe, die in der Nacht leuchtet. Auch im Inneren des Hotels finden sich in den Fluren und Salons, vor allem aber im Café noch schöne Stilelemente der Prager Secession.

NEUSTADT 201

PALAIS LUCERNA (PALÁC LUCERNA)

Das Palais Lucerna – ein in den Jahren 1907 bis 1921 errichteter siebenstöckiger Mehrzweckbau an der Westseite des Wenzelsplatzes – vereint neben zahlreichen Büros und Luxuswohnungen elegante Einkaufspassagen, Restaurants und Unterhaltungseinrichtungen. Dazu gehören ein bereits im Jahr 1909 als erstes seiner Art am Wenzelsplatz eröffnetes, 820 Sitzplätze bietendes Jugendstilkino und ein Veranstaltungssaal, der zur Zeit seiner Entstehung der größte Saal des Landes war: Rauschende Ballnächte wurden hier gefeiert, Konzerte namhafter Künstler veranstaltet, aber auch Boxkämpfe ausgetragen. Architekt und Bauherr des Palastes war Václav Havels Großvater. Durch die Verbindung der Passagen zwischen Vodickova- und Stepanská-Straße und dem Wenzelsplatz entstand ein rund 21000 Quadratmeter großer Komplex, dessen Insignie eine Laterne (lat. lucerna) ist.

PALAIS LUCERNA (PALÁC LUCERNA)

Vor dem Kino (oben) im Lucerna-Palast sorgt eine Skulptur des Prager Kunst-Provokateurs David Černý für Aufsehen (unten): Dabei handelt es sich um eine Parodie des Reiterdenkmals vom Wenzelsplatz, bei der der Heilige auf dem Bauch eines kopfüber hängenden Pferdes dargestellt wird. Dass Kunst die Verhältnisse auf den Kopf zu stellen vermag, beweist der in Prag geborene Černý auch an vielen anderen Orten der Stadt.

PIVO: DAS TSCHECHISCHE NATIONALGETRÄNK

Der Dichter Jan Neruda hat zwar die Nachteile von Bier (»Pivo«) gegenüber dem Wein hervorgehoben, als er schrieb: »Wein hebt den Kopf, Bier macht schwere Beine« – dennoch ist Letzteres das Nationalgetränk der Tschechen. Viele berühmte Biere kommen ursprünglich aus Böhmen, allen voran jenes, das nach der Stadt Pilsen benannt ist. Aber auch das von vielen für »uramerikanisch« gehaltene Budweiser kommt aus der heute České Budějovice genannten Stadt. Dass Bier müde und träge macht, würden die Prager auch nicht alle unterschreiben, sondern allenfalls konzedieren, dass sein Genuss entspannt – was auch dem Gedankenfluss ja nur förderlich sein kann. Jaroslav Hašek, der Erfinder des »braven Soldaten Schwejk«, pflegte einen großen Teil seiner Zeit in der Prager Gaststätte »U Kalicha« (»Zum Kelch«) zu verbringen, um dort Einfälle für seine Geschichten zu sammeln. Am Biertisch war es auch, wo Hašek im Frühjahr 1911 seine (parodistische) »Partei für gemäßigten Fortschritt in den Schranken der Gesetze« gründete. »Zum Kelch« war eine der großen Bierwirtschaften Prags, deren berühmteste bis heute »U Fleků« (»Beim Fleck«) in der Neustadt ist, wo ein besonders dunkles, besonders starkes Bier zum Ausschank kommt. Ihm ungehemmt zuzusprechen, könnte Jan Nerudas Erkenntnis durchaus noch bestätigen.

PIVO: DAS TSCHECHISCHE NATIONALGETRÄNK

»Beim ersten Bier gebe ich nachdrücklich zu erkennen, dass es mir unangenehm ist, irgendwelche Fragen zu beantworten; ... nach dem zweiten Bier halte ich alles, was ich sage, für äußerst wichtig, und deshalb schreie ich ... und trompete meine Sätze in die Gegend, wobei ich ... meine, dass ... die ganze Welt sie vernehmen müsste«: So schildert der Schriftsteller Bohumil Hrabal das Innenleben einer Bierwirtschaft (»Pivnice«).

NEUSTADT 205

NATIONALMUSEUM (NÁRODNÍ MUZEUM)

Das ab 1885 von Josef Schulz im Stil der Neorenaissance errichtete Nationalmuseum dominiert den Südosten des Wenzelsplatzes. Gegründet wurde es am 15. April 1818 durch die Eröffnungsproklamation (»An die Vaterländischen Freunde der Wissenschaften«) einer Gruppe böhmischer Adeliger unter der Führung des Paläontologen Kaspar Maria von Sternberg. Bald danach setzte eine rege Sammeltätigkeit ein – heute verfügt das Museum über einen Bestand von mehr als 13 Millionen Exponaten. Im Hauptbau am Wenzelsplatz mit seiner 70 Meter hohen Kuppel sind die naturwissenschaftliche und die historische Abteilung des Museums untergebracht sowie eine Bibliothek mit mehr als 3,6 Millionen Bänden. Den schlechten Bauzustand des Gebäudes verursachten eine Bombe des Zweiten Weltkriegs, Geschosse sowjetischer Soldaten 1968 und der Bau der Prager Metro in den 1970er-Jahren.

NATIONALMUSEUM (NÁRODNÍ MUZEUM)

Wie eine vorgeschobene Bastion des Nationalmuseums wirkt das Wenzelsdenkmal (oben; unten das Innere des imposanten Baus). Zunächst sollte das Reiterstandbild die Mitte der dem Gebäude vorgelagerten Rampe schmücken – das Vorhaben scheiterte jedoch am Veto des Architekten. Seit dem Jahr 2011 wird das Haus, wohl bis 2016, grundlegend renoviert. Die Kosten dafür werden auf 190 Millionen Euro geschätzt.

PRAGER KAFFEEHAUSKULTUR: STARBUCKS ODER GRAND CAFÉ?

Im 19. Jahrhundert waren die Kaffeehäuser von Prag und Wien ein beliebter Treffpunkt für alle diejenigen, die dort ein zweites Wohnzimmer suchten – und fanden. Doch Kafkas Lieblingscafé »Arco« beherbergt heute die Kantine eines Polizeipräsidiums – dafür gibt es ein »Café Franz Kafka«, das mit dem Literaten nichts, mit dem Versuch, in seinem Namen vorwiegend US-amerikanische Touristen anzulocken, schon viel mehr zu tun hat. Das zeigt: Die große Zeit der Prager Kaffeehauskultur ist vorbei. Während es in Wien noch rund 200 Kaffeehäuser der alten Schule gibt, sind es in Prag bei wohlwollender Schätzung vielleicht noch ein knappes Dutzend. In den 1920er- und 1930er-Jahren zählte man auch in der Goldenen Stadt mehr als 150 Cafés – wer wann wohin ging, war nicht zuletzt auch eine Frage der geistigen Haltung: Die deutsch-jüdischen Intellektuellen trafen sich im »Arco«, im »Continental« oder im Louvre, die tschechischen Zeitgenossen zog es etwa ins »Slavia«. Eines der wenigen »zweisprachigen« Cafés war das »Central«, in dem sich »der rasende Reporter« Egon Erwin Kisch gern aufhielt. Kisch liebte aber auch das »Grand Café Louvre« in der Nationalstraße, das, 1990 neu eröffnet, wieder an die alte Tradition anknüpft. Zum Glück, denn viele andere Traditionscafés mussten längst den Pappbechern der globalen Starbucks-Kette weichen.

PRAGER KAFFEEHAUSKULTUR: STARBUCKS ODER GRAND CAFÉ?

In Prag gibt es ein Kaffeemuseum, in denen man alte Röstmaschinen bestaunen kann. Das heißt aber nicht, dass auch die Prager Kaffeehauskultur rein museal wäre. Das »Café Slavia« (oben rechts) gehört zu den wenigen, die selbst die Epoche des real existierenden Sozialismus überstanden haben. Auch im »Café Imperial« (unten) und im Gemeindehaus (oben links) versucht man den Spagat zwischen Tradition und Moderne.

STAATSOPER PRAG (STÁTNÍ OPERA PRAHA)

Konkurrenz belebt das Geschäft – das gilt auch für die Schönen Künste. So ist das am 5. Januar 1888 mit einer Aufführung von Wagners Oper »Die Meistersinger von Nürnberg« eröffnete »Neue Deutsche Theater« auch eine Frucht nationaler Rivalitäten: zwischen den Tschechisch und Deutsch sprechenden Pragern. Nachdem Erstere bereits 20 Jahre zuvor den Grundstein für »ihr« Nationaltheater gelegt hatten, kam es den Deutschen nun auf den Bau einer eigenen und viel größeren Bühne an. Tatsächlich ist die heutige Staatsoper Prag immer noch das größte Theater der Stadt – allerdings wurden ironischer Weise im Januar 2012 beide Bühnen zu einer einzigen zusammengelegt. Ob sich so die künstlerische Qualität steigern lässt, bezweifeln Kritiker, die nun darauf hoffen, dass die Konkurrenz trotzdem erhalten bleibt. Die belebt nämlich nicht nur das Geschäft, sondern auch die Kunst.

STAATSOPER PRAG (STÁTNÍ OPERA PRAHA)

Erich Kleiber, Gustav Mahler, Richard Strauss und Bruno Walter wirkten als Dirigenten an diesem Haus, das von außen an die Wiener Staatsoper erinnert. Eine erste Blüte erlebte es unter der Leitung Alexander von Zemlinskys, der das Opernleben der Stadt nicht nur mit Werken von Mozart bereicherte, sondern auch mit solchen von Künstlern wie Paul Hindemith, Erich Wolfgang Korngold, Ernst Krenek und Franz Schreker.

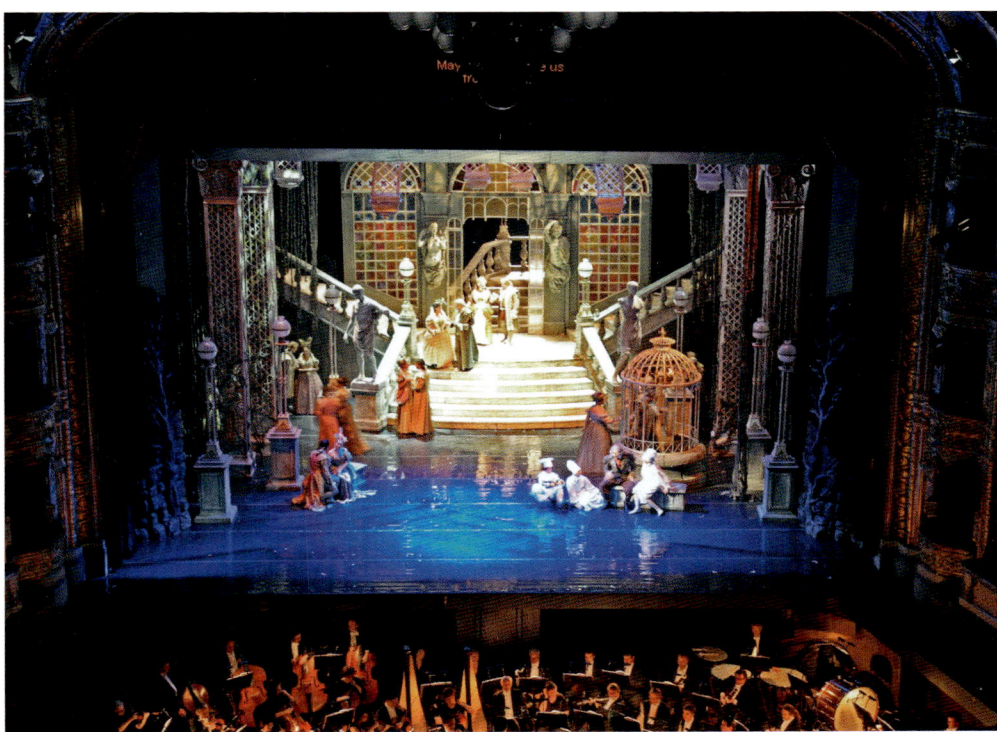

NATIONALSTRASSE (NARODNÍ TŘÍDA)

Diese im Jahr 1781 auf dem zugeschütteten Verteidigungsgraben der Stadt angelegte Prachtstraße markiert die Grenze zwischen Alt- und Neustadt. Sie verläuft südwestlich vom Zentrum entlang der ehemaligen mittelalterlichen Festungsmauern und verbindet die Brücke der Legionen mit dem Jungmann-Platz. Zunächst hieß sie schlicht »Neue Allee« (Nová Aleje), danach nannte man sie zu Ehren des österreichischen Kaisers »Ferdinandstraße« (Ferdinandova třída). Ihr heutiger Name geht zurück auf die Gründung der Tschechoslowakischen Republik am 28. Oktober 1918. Von da war es noch ein langer Weg bis zu jenem Ereignis am 17. November 1989, bei dem das brutale Vorgehen der Staatsgewalt gegen die friedlich demonstrierenden Studenten zum Ausgangspunkt der »Samtenen Revolution« wurde und somit letztlich das Endes des kommunistischen Regimes in der Tschechoslowakei einläutete.

NATIONALSTRASSE (NARODNÍ TŘÍDA)

Seit jeher ist die Nationalstraße ein beliebter Korso der Prager, auch wenn den verschiedenen Um- und Neubauten des 20. Jahrhunderts (oben links die glasklotzende Neue Bühne des Nationaltheaters; daneben ein modernes Wohnhaus; unten rechts eine moderne Shoppingmall) viele schöne ältere Gebäude weichen mussten. Letzteres gilt zum Glück nicht für das Nationaltheater (unten links).

NATIONALTHEATER (NÁRODNÍ DIVADLO)

Schräg gegenüber der Slawischen Insel liegt am rechten Moldauufer das Nationaltheater, das auch als eine architektonische »Antwort« der tschechischen Bevölkerung Prags auf die vielen kulturellen Einrichtungen gedacht war, die sich fest in deutschböhmischer beziehungsweise österreichischer Hand befanden. Das in den Jahren 1868 bis 1881 von Josef Zítek im Stil der Neorenaissance errichtete Theater wurde zum überwiegenden Teil mit Spenden tschechischer Bürger finanziert – was auch die über dem Eingang angebrachte Inschrift »Der Nation für sich selbst« dokumentiert. Zwei Monate nach der Fertigstellung brannte diese »Goldene Kapelle über der Moldau« aus; man begann aber sofort mit der Instandsetzung und feierte schon am 18. November 1883 unverdrossen zum zweiten Mal seine Eröffnung – erneut mit Smetanas der mythischen Stadtgründerin Prags gewidmeten Oper »Libuše«.

NATIONALTHEATER (NÁRODNÍ DIVADLO)

Den Grundstein für dieses steinerne Manifest des tschechischen Nationalismus brach man vom Berg Říp: Von dessen Gipfel soll der legendäre Stammvater Čech seine neue Heimat erblickt haben, das nach ihm benannte Tschechien (Česko), bevor er sich dort niederließ. Dazu meinte Jan Masaryk, der Sohn des ersten Präsidenten: »Der Dummkopf, wie konnte er uns nur zwischen den Deutschen und den Russen ansiedeln?«

SLAWISCHE INSEL (SLOVANSKÝ OSTROV)

Die im 18. Jahrhundert durch Anschwemmung entstandene Slawische Insel wurde 1784 durch einen Mauergürtel gegen den Fluss gesichert. Ihren heutigen Namen verdankt sie dem – gegen die Assimilierungspolitik Preußens wie des Habsburgerreiches gerichteten – »Panslawischen Kongress«, der hier im Revolutionsjahr 1848 abgehalten wurde. Zuvor nannte man das Eiland »Sophieninsel« (»Žofín ostrov«) – zu Ehren der Mutter des Kaisers Franz Joseph II., der Erzherzogin Sophie. Ebenfalls nach ihr benannt ist der 400 Zuhörer fassende Konzertsaal, in dem seit den 1830er-Jahren Künstler wie Liszt und Berlioz auftreten. Im Süden der Insel errichtete der Architekt Otakar Novotný das Mánes-Haus – ein Ausstellungsgebäude einer 1887 gegründeten, nach dem Maler Josef Mánes benannten Künstlervereinigung, die angetreten war, den etablierten Kunstbetrieb ein bisschen aufzumischen.

SLAWISCHE INSEL (SLOVANSKÝ OSTROV)

Der Šitka-Wasserturm gleich neben dem im Stil des Konstruktivismus errichteten Mánes-Haus (unten; oben eine Ausstellung in der Galerie Mánes) wurde im 15. Jahrhundert für den Mühlenbesitzer Jan Šitka errichtet und gehört zu den vier Wassertürmen, mit denen die öffentlichen Brunnen und die Brauereien der Neustadt versorgt wurden. Die barocke Zwiebelhaube setzte man dem Turm erst im 18. Jahrhundert auf.

FILMSTADT PRAG: DAS HOLLYWOOD DES OSTENS

Was haben Barbra Streisands »Yentl«, Brian de Palmas »Mission: Impossible«, Andrew Adamsons »Die Chroniken von Narnia« und Martin Campbells »James Bond 007: Casino Royale« gemeinsam? – Alle diese Filme wurden in »Hollywood East« gedreht, wie Prag auch genannt wird, weil es zum einen mit den – von der Familie Václav Havels gegründeten, 2011 ihr achtzigjähriges Jubiläum feiernden – Barrandow-Studios über eines der ältesten, größten und (nach Meinung von Roman Polanski sogar welt-)besten Filmstudios verfügt und weil zum anderen die Stadt selbst eine so reizvolle wie wandelbare Kulisse bietet wie kaum eine andere. Für Filme aller Genres, ob Agententhriller oder Kostümfilm, Krimi oder Biopic bietet die Stadt an der Moldau immer den richtigen Drehort. Zudem sind die Produktionskosten hier etwa 30 Prozent günstiger als im Westen. Auch an qualifizierten Fachkräften mangelt es nicht: Prags im Jahr 1941 gegründete Film- und Fernsehfakultät der Akademie der Musischen Künste (FAMU) genießt weltweites Renommee. Zwar verließ ihr berühmtester Absolvent, Miloš Forman, die Stadt, als sein Film »Der Feuerwehrball« (1968) verboten wurde. Doch im Jahr 1984 kehrte er für seinen mit acht Oscars ausgezeichneten Film »Amadeus« zurück. Seit diesem Erfolg ist Prag als »Hollywood East« international etabliert.

FILMSTADT PRAG: DAS HOLLYWOOD DES OSTENS

Ob »Amadeus« oder »Mission: Impossible«: Prag rollt Hollywoodstars wie Natalie Portman (unten links bei der Prager Premiere von Miloš Formans »Goyas Geister«) nicht nur den roten Teppich aus, sondern blickt selbst auf eine Tradition als Filmstadt zurück. Irgendwo in den Gassen wird immer gedreht (unten rechts), auch die Moldau ist ein beliebtes Motiv (oben: bei den Dreharbeiten zu »Mission: Impossible – Phantom Protokoll«).

KARLSPLATZ (KARLOVO NÁMĚSTÍ)

Mit seinen 530 Metern Länge und 150 Metern Breite ist der als Rindermarkt angelegte Karlsplatz der größte Platz Prags. In dessen Mitte ließ Karl IV. jedes Jahr im Mai die Reichskleinodien ausstellen – zunächst in einem hölzernen Turm, dann in der im Jahr 1393 nach dem Vorbild der Aachener Pfalzkapelle errichteten, 1791 abgerissenen Fronleichnamskapelle. Dazu gehörten auch Reliquien, von denen sich das Volk Wunderheilungen und Sündenablass versprach. Weltliche Dinge regelte man allerdings besser im Neustädter Rathaus im Nordosten des Platzes, das um das Jahr 1348 errichtet worden war. Sehenswert sind zudem das Fausthaus, ein barockisiertes Renaissancepalais an der Ecke zur Vyšehradská, in dem angeblich Dr. Faustus seine Seele verkauft haben soll, und die im Jahr 1671 vollendete Jesuitenkirche St. Ignatius an der Ostseite des Karlsplatzes.

KARLSPLATZ (KARLOVO NÁMĚSTÍ)

Im Neustädter Rathaus (alle Abbildungen) am Karlsplatz kam es am 30. Juli 1419 zum Ersten Prager Fenstersturz, als der Hussitenprediger Jan Želivský mit seinen Anhängern die Freilassung gefangener Glaubensbrüder forderte. Als sie nicht nur ungehört blieben, sondern auch noch verspottet wurden, stürmten sie die Amtsstuben und warfen sieben katholische Ratsherren aus dem Fenster.

TANZENDES HAUS (TANČICÍ DŮM)

Wer bei einem Spaziergang durch die Neustadt unvermutet auf das sogenannte »Tanzende Haus« trifft, könnte ins Grübeln kommen, ob er beim Mittagessen, im »U Fleků« etwa, nicht doch zu ausgiebig dem tschechischen Nationalgetränk zugesprochen hat. Denn der eine Teil des Bürokomplexes aus Glas und Stahl, der sich hier vor einem auftürmt, scheint nicht nur schräg zu stehen, sondern in Bewegung zu sein, während der andere in kerzengerader Haltung verharrt. Verantwortlich für diesen im ersten Moment schon etwas irritierenden Eindruck sind der US-amerikanische Architekt Frank Gehry und sein in Zagreb geborener, seit Langem in Prag lebender Partner Vlado Milunič. Letzterer wohnte wie Václav Havel jahrelang in einem Haus neben der Baulücke und fand schließlich in einer niederländischen Versicherung einen Investor für das im Jahr 1996 fertiggestellte Haus.

TANZENDES HAUS (TANČICÍ DŮM)

»Dekonstruktivistisch« nennt der Architekt Frank Gehry seinen Stil, was sich, vereinfacht, als »Bauen nach dem Baukastenprinzip« erklären ließe: aufbauen, auseinandernehmen, neu zusammensetzen. Die Prager nennen das Haus, in dem sich auch ein Gourmetrestaurant befindet, liebevoll »Ginger und Fred« – naheliegend ist tatsächlich die Assoziation eines tanzenden Paares – sie stürmisch drängend, er gravitätisch starr.

AUS DER NEUEN WELT: DVOŘÁK

Antonín Dvořák (1841–1904), als Sohn eines Gastwirts und Metzgers in Nelahozeves bei Prag geboren, zeigte schon früh sein musikalisches Talent und ging als Sechzehnjähriger in die Hauptstadt, wo er an der Orgelschule studierte und als Bratschist (1862–1871 unter Smetana) in mehreren Orchestern wirkte. Maßgeblich gefördert wurde er von Johannes Brahms, mit dem ihn eine lebenslange Freundschaft verband. Brahms setzte sich auch für den Druck seiner Werke ein, die zunächst an der Wiener Klassik orientiert waren, dann von deutschen Komponisten wie Schumann, Brahms und in geringerem Maße Wagner inspiriert wurden. Einem größeren Publikum bekannt wurde Dvořák durch die »Klänge aus Mähren« (Opus 32, 1876), die »Slawischen Tänze« (Opus 46, 1878) und durch seine »Slawischen Rhapsodien« (Opus 45, 1878). Sein berühmtestes Werk, die – böhmische und mährische Volksmusik mit Elementen der US-amerikanischen Folklore verbindende – Sinfonie Nr. 9, wurde von einem dreijährigen USA-Aufenthalt als Leiter des New Yorker National Conservatory inspiriert und trägt den Titel »Aus der Neuen Welt« (Opus 95, 1893). Am 25. März 1904 brach Dvořák bei der Uraufführung seiner Oper »Armida« im Prager Nationaltheater zusammen und starb wenige Wochen später an einem Gehirnschlag.

AUS DER NEUEN WELT: DVOŘÁK

In der Villa Amerika (Letohrádek Amerika), einem 1717 bis 1720 von Kilian Ignaz Dientzenhofer für Graf Michna von Vacínow errichteten Lustschloss, ist heute das Dvořák-Museum untergebracht. Zu sehen sind neben dem Klavier und der Bratsche auch Originalpartituren des Komponisten. Der Name der Villa bezieht sich übrigens nicht auf Dvořáks »Neue Welt«, sondern auf ein früheres Wirtshaus in der Nähe.

NEUSTADT

UMGEBUNG

In der Prager Innenstadt gibt es so viel zu sehen, dass wenige Besucher noch die Außenbezirke erkunden. Das ist schade, denn auch jenseits des Zentrums bietet die Stadt interessante und zudem leicht erreichbare Ausflugsziele. In jedem Fall dazu gehören das weitläufige Letnáplateau mit dem ehemaligen Messegelände in seinem Norden und Prags mythenumrankter zweiter Burghügel Vyšehrad. Lässt man dann auch noch die dicht gedrängten Wohnblocks der Prager Vororte hinter sich, um weiter hinaus in das sanft hügelige Grün Mittelböhmens zu fahren, warten dort Burgen, Schlösser und Klöster am Weg.

Die Ende des 18. Jahrhunderts aufgegebenen Weingärten wurden teils durch Alleen ersetzt; heute gehört Vinohrady zu den beliebtesten Wohngegenden der Stadt. Unten: die Kirche des heiligen Herzens des Herrn mit ihrem monumentalen Glockenturm.

LETNÁPLATEAU (LETENSKÉ SADY)

Von allen weitläufigeren Prager Grünanlagen dem Zentrum am nächsten ist das sich nordöstlich vom Hradschin über dem linken Moldauufer erhebende Letnáplateau. Dass man sich hier »königlich« (wohl-)fühlen kann, liegt zum einen an seiner Geschichte – immerhin ist dies der Ort einer Krönung (der von Ottokar II. im Jahr 1261 nämlich) – und zum anderen am wohl schönsten Blick über die sich an die Biegung der Moldau schmiegende Stadt. An die unaufhörlich tickende Zeit erinnert David Černýs überdimensionales Metronom. Sehenswert ist zudem im Westen des ab 1858 in einen Park umgewandelten Plateaus der Hanau'sche Pavillon (Hanvský pavilon). Nach Entwürfen von Otto Hieser wurde dieser in den Eisenwerken des Fürsten von Hanau für die Jubiläums-Landesausstellung 1891 errichtet. 1898 ließ die Stadt den neobarocken Bau auf das Plateau bringen und zum Restaurant umgestalten.

LETNÁPLATEAU (LETENSKÉ SADY)

Das Letnáplateau bietet Erholung vom Trubel der Stadt (unten), wird aber auch gern für Großveranstaltungen genutzt: So zelebrierte Papst Johannes Paul II. dort im Jahr 1990 einen Gottesdienst unter freiem Himmel, 1996 konzertierte mit Michael Jackson der »King of Pop« auf dem Plateau. Ob er sich dabei auch von David Černýs 1991 aufgestelltem Metronom (oben rechts; links der Hanau'sche Pavillon) den Takt vorgeben ließ?

UMGEBUNG 229

MESSEPALAST (VELETRŽNÍ PALÁC)

Im nordöstlich des Letnaplateaus gelegenen Messepalast präsentiert heute die Nationalgalerie große Teile ihrer Kunstsammlungen der europäischen Moderne. Die in den Jahren 1924 bis 1928 nach Entwürfen von Oldrich Tyl und Josef Fuchs entstandene, aus Beton, Eisen und Glas gefertigte Konstruktion war damals das größte Messegebäude der Welt und wurde zu einem Leitbild des funktionalistischen Bauens, bei dem sich die Form der Funktion des Gebäudes anpassen soll. Dabei bestimmen klare, schnörkellose Linien und geometrische Flächen das Bild. Das noch zuvor im Historismus wie in der Secession gern üppig gestaltete Dekor weicht dem Trend zur Neuen Sachlichkeit. Le Corbusier, der dieses Bauwerk bei seinem Pragbesuch im Jahr 1928 besichtigte, zeigte sich begeistert und meinte: »Ich möchte Prag und seine Architekten zu der Realisierung eines so großartigen Werks beglückwünschen.«

MESSEPALAST (VELETRŽNÍ PALÁC)

Beeindruckend ist die Transparenz des fast völlig von tragenden Wänden befreiten Baus, in dem heute auch wieder Messen stattfinden: Um eine zentrale, bis zum Glasdach offene Halle wurden frei umlaufende Gänge angelegt, von denen aus man die Schauräume betritt (oben). Zu den hier gezeigten Schätzen der Nationalgalerie (unten) gehört auch eine exquisite Sammlung französischer Kunst (19./20. Jahrhundert).

BAUMGARTEN (STROMOVKA), AUSSTELLUNGSGELÄNDE (VÝSTAVIŠTĚ)

Noch weiter nördlich des Letnáplateaus erstreckt sich der wohl schönste Park Prags. Angelegt wurde das Gelände mit dem klingenden Namen »Baumgarten« (»Stromovka«) um das Jahr 1270 als Wildgehege für König Ottokar II. Přemysl. Unter Rudolf II. installierte man im hier im 16. Jahrhundert Wassersysteme mit einem künstlichen Teich, in den Wasser aus der Moldau geleitet wurde. Seit der Umgestaltung 1804 in einen Englischen Garten ist das Gelände der Öffentlichkeit zugänglich. Der Städter wandelt hier also auf königlichen Pfaden und besichtigt dabei auch ein in seinen Ursprüngen bereits gegen Ende des 15. Jahrhunderts errichtetes neogotisches Lustschloss, das zwischen den Jahren 1804 und 1806 im Tudor-Stil umgewandelt und so dem Englischen Garten angepasst wurde. Berühmt ist das Ausstellungsgelände im Südosten des Parks mit seinem Industriepalast und dem Lapidarium.

BAUMGARTEN (STROMOVKA), AUSSTELLUNGSGELÄNDE (VÝSTAVIŠTĚ)

Der Industriepalast (unten) auf dem im Jahr 1891 für die Landesausstellung der böhmischen Industrie angelegten Ausstellungsgelände ist eine 238 Meter lange Eisen-Glas-Konstruktion. Deren linker Flügel wurde 2008 durch einen Großbrand zerstört. Auf demselben Gelände präsentiert das Lapidarium des Nationalmuseums in seinen Ausstellungsräumen auch einige Originalskulpturen von der Karlsbrücke (oben).

SCHLOSS TROJA (TROJSKÝ ZÁMEK)

Auf seinem Weingut am Nordrand des Prager Kessels ließ sich der aus reichstem böhmisch-mährischem Adel stammende Graf Wenzel Adalbert Sternberg (um 1640–1708) im 17. Jahrhundert eine »Villa suburbana« errichten – eine Vorstadtvilla zum sommerlichen Aufenthalt, wie er sie aus Italien kannte. Entworfen wurde der dreiflügelige Bau von Jean Baptiste Mathey – allerdings nicht nach französischem Vorbild um einen Ehrenhof gruppiert, sondern zum Garten und damit auch zur Flussaue hin orientiert. »Französisch«, also streng formal gestaltet ist dagegen der Garten, dessen Hauptweg von der Moldau her geradewegs zur zweiläufigen, 1703 vollendeten Freitreppe führt. Deren Skulpturenschmuck wurde von dem Dresdner Bildhauer Johann Georg Heermann entworfen. Dargestellt sind Szenen aus der antiken Mythologie – der Kampf der olympischen Götter gegen die Giganten.

SCHLOSS TROJA (TROJSKÝ ZÁMEK)

Im Schloss Troja präsentiert heute die Nationalgalerie Werke tschechischer Maler des 19. Jahrhunderts. Die von dem Niederländer Abraham Godin 1691 bis 1697 geschaffenen Wand- und Deckengemälde im Kaisersaal (unten) illustrieren die drei Tugenden, deren sich die Habsburger gern rühmten: Mäßigkeit, Milde und Gottesfurcht. Oben: Wasserspiele im Schlossgarten, der um 1698 von Georg Seemann angelegt wurde.

UMGEBUNG

KLOSTER BŘEVNOV (KLÁŠTER BŘEVNOV), SCHLOSS STERN (LETOHRÁDEK HVĚZDA)

Břevnov, das erste böhmische Mönchskloster, wurde im Jahr 993 von Herzog Boleslav II. und dem heiligen Adalbert von Prag (Vojtěch), dem damaligen Bischof der Stadt, gegründet. In der Folgezeit mehrfach umgebaut, kamen die ältesten, noch aus dem 10. Jahrhundert stammenden Gebäudeteile dieser Benediktinerabtei erst bei Ausgrabungen im Jahr 1964 zutage. Sehenswert ist neben dem Theresiensaal – diesen Prunksaal des Klosters schmückt ein Fresko des bayerischen Malers und Architekten Cosmas Damian Asam – die in den Jahren 1708 bis 1714 erbaute Margaretenkirche.

Am Abhang des Weißen Bergs ließ Erzherzog Ferdinand von Tirol um 1556 auf dem Gelände eines von seinem Vater angelegten Wildparks das Jagdschloss Stern errichten. Heute befinden sich darin eine Ausstellung zur Schlacht am Weißen Berg und ein Museum der tschechischen Literatur.

KLOSTER BŘEVNOV (KLÁŠTER BŘEVNOV), SCHLOSS STERN (LETOHRÁDEK HVĚZDA)

Die Margaretenkirche im Kloster Břevnov (unten) ist ein Werk von Kilian Ignaz Dientzenhofer. Die Deckenbilder im Kirchenschiff schuf Johann Jakob Steinfels, die Altarbilder malte Peter Brandl. Das Schloss Stern (oben) am Weißen Berg verdankt seinen Namen seinem – einen sechsstrahligen Stern formenden – Grundriss. Fünf »Zacken« bilden rautenförmige Säle, im sechsten führt eine Treppe ins Obergeschoss.

UMGEBUNG

VINOHRADY

Südöstlich der Innenstadt befanden sich früher die königlichen Weingärten (»Vinohrady«), für die Karl IV. im 14. Jahrhundert eigens Rebstöcke aus Burgund kommen ließ und nach denen das Viertel bis heute benannt ist. Sehenswürdigkeiten im klassischen Sinn findet man hier kaum, dafür kann man fern vom Trubel im touristischen Zentrum des Goldenen Prags tagsüber herrlich bummeln und nachts durch die Kneipen ziehen. In den kleinen Straßen zwischen den Hauptverkehrsadern Vinohradská, Korunní und Francouzská findet man viele Trödel- und andere Läden, Cafés, Restaurants, Weinstuben und Bars. Auch einen beliebten Biergarten gibt es im »Rieger Park« (»Riegrovy sady«), der schönsten und größten Grünanlage von Vinohrady. Geografischer und kommerzieller Mittelpunkt des Stadtviertels ist der von der neugotischen Kirche St. Ludmilla beherrschte »Platz des Friedens« (»Náměstí Míru«).

VINOHRADY

Die ersten Entwürfe für den Backsteinbau der Kirche des heiligsten Herzens des Herrn legte der slowenische Architekt Josip Plečnik bereits im Jahr 1921 vor. Die Grundsteinlegung erfolgte aber erst 1928; weitere vier Jahre später wurde die Kirche geweiht. Ungewöhnlich ist die Monumentalität des fast die gesamte Breite über dem Chor einnehmenden Glockenturms. Dessen Höhe entspricht der Länge des Kirchenschiffs.

UMGEBUNG

SMÍCHOV

Auch in diesem südöstlich der Kleinseite sich anschließenden Vorort standen einst die Hänge voller Reben. Vielleicht kam man deshalb auf den Namen »Lachende Au« (»Smíchov«). Egon Erwin Kisch berichtet, dass diese Gegend »im Zeitalter des Rokoko das Rokoko an sich« war: »Hier besaßen die Herren des böhmischen Adels ihre Lustschlösser und Lustgärten, und wer eine besonders privilegierte Freundin innehatte, ließ ihr in nächster Nachbarschaft ein eigenes Tuskulum erbauen ...« (einen Landsitz also). Kisch verschweigt aber auch nicht die spätere Entwicklung zum Industriedistrikt – heute ist das boomende Smíchov derjenige Stadtteil, dem die Nachwendezeit am entschiedensten einen Stempel aus Glas und Beton aufgedrückt hat. Als spektakulärster Neubau entstand im Jahr 2000 im Zentrum des Viertels der »Goldene Engel« (»Zlatý Anděl«), eine Glas-Stahl-Konstruktion von Jean Nouvel.

SMÍCHOV

Einen deutlichen Kontrast zum verschnörkelten Dekor bürgerlicher Wohnhäuser des 19. Jahrhunderts (oben) setzt Jean Nouvels »Goldener Engel« (unten), dessen Name sich auf ein früher hier stehendes »Haus zum Goldenen Engel« bezieht. Wie ein Schatten zeichnen sich an Nouvels Glasfassade die Umrisse eines überdimensionalen Engels ab – genauer: des Schauspielers Bruno Ganz in Wim Wenders Film »Engel über Berlin«.

UMGEBUNG

MOZART IN PRAG: LIEBE AUF DEN ERSTEN BLICK

»Meine Prager verstehen mich«: Dass Wolfgang Amadeus Mozart (1756–1791) zu Prag im Grund eine engere Beziehung hatte als zu Wien, belegt dieser Satz des Komponisten nach der begeisterten Aufnahme seiner im Dezember 1786 im Nationaltheater aufgeführten Oper »Le nozze di Figaro« durch das hiesige Publikum. Auch der italienische Librettist Lorenzo Da Ponte, der neben dem »Figaro« noch die Libretti für zwei weitere Mozart-Opern (»Don Giovanni«, 1787, und »Così fan tutte«, 1790) schrieb, staunte über den Enthusiasmus, mit der Mozarts Musik in der Stadt an der Moldau aufgenommen wurde. Besonders wunderte er sich darüber, dass die Stücke anders als anderswo »gleich bei der ersten Aufführung ... vollkommen verstanden« wurden. Mozart in Prag war also, wenn man so will, eine Liebe auf den ersten Blick, und sie galt keineswegs nur seiner Musik: »Überall«, heißt es in einem zeitgenössischen Bericht, »wohin er kam und wo er sich nur blicken ließ, begegneten ihm die für ihn entbrannten Prager mit Hochachtung und Liebe.« Dass diese Zuneigung von Mozart, der Prag 1786 seine »Prager Sinfonie« (KV 504) widmete, erwidert wurde, ist anzunehmen – doch von Liebe allein konnte auch er sich nicht ernähren. Weshalb Mozart doch immer wieder zurückging ins zwar weniger geliebte, aber deutlich lukrativere Wien.

MOZART IN PRAG: LIEBE AUF DEN ERSTEN BLICK

Fünfmal war Mozart in Prag, dreimal wohnte er in der (bis 2009 als Museum eingerichteten) Villa Bertramka in Smíchov (unten links und oben rechts; oben links ein historisches Streichquartett bei einer Mozart-Aufführung, unten rechts der Komponist selbst bei einem Pragaufenthalt). Dort vollendete er auch seinen »Don Giovanni«, der noch im selben Monat, am 29. Oktober 1787, im Ständetheater uraufgeführt wurde.

KINSKÝ-VILLA (LETOHRÁD KINSKÝCH)

Wie das Musikerehepaar Dušek, das so illustre Gäste wie Wolfgang Amadeus Mozart in seiner Villa Bertramka beherbergte, hatte auch die Familie Kinský in Smíchov einen Sommersitz. 1825 erwarb Graf Rudolf Kinský das Gelände, auf dem früher Reben wuchsen; zwei Jahre später ließ er dort durch den Wiener Architekten Heinrich Koch eine im Jahr 1831 fertiggestellte Villa im Empirestil errichten. 1901 ging das Anwesen in den Besitz der Stadt über, die den Park der Öffentlichkeit zugänglich machte; ein Jahr später fand hier die berühmte große Prager Ausstellung mit Werken des französischen Bildhauers Auguste Rodin statt. Ein Hort der Kunst – und Ort der Musen – ist die Villa Kinský noch heute: Seit dem Jahr 1922 beherbergt sie die »Musaion« genannte ethnografische Abteilung des Nationalmuseums. Im Jahr 1986 wegen schwerer Bauschäden geschlossen, konnte das Musaion 2005 endlich wieder geöffnet werden.

KINSKÝ-VILLA (LETOHRÁD KINSKÝCH)

Die elegante Empirevilla der Familie Kinský liegt auf einer leichten Erhebung im unteren Teil eines Parks mit herrlichem altem Baumbestand (oben). Den Kern der ständigen Ausstellung im darin untergebrachten »Musentempel« (»Musaion«) bilden Exponate der insgesamt rund 200 000 Gegenstände umfassenden ethnografischen Sammlung des Nationalmuseums, die zu den wertvollsten ihrer Art in Europa gehört (unten).

UMGEBUNG 245

SCHLOSS ZBRASLAV (ZÁMEK ZBRASLAV)

Knapp zwölf Kilometer südlich der Stadt – dort, wo die Beraun (Berounka) in die Moldau mündet – soll einst der Ritter Zbraslav eine Burg errichtet haben; was ihm mithilfe seiner Gattin Kascha, einer zauberkundigen Nichte der ihrerseits über seherische Fähigkeiten verfügenden Ahnherrin Libussa, vermutlich ein Leichtes war. Belegt ist an diesem idyllischen Ort aber erst ein Jagdhaus König Ottokars II., das dieser zusammen mit einer St.-Jakobs-Kapelle in der zweiten Hälfte des 13. Jahrhunderts errichten ließ. Sein Nachfolger Wenzel II. ordnete im Jahr 1292 an, die Anlage zu einem Zisterzienserkloster umzubauen, was vier Jahre später dann auch geschah; 1233 waren die Arbeiten an der »Aula Regia« (»Königssaal«) genannten Abtei vollendet. Nach deren Aufhebung 1784 unter Joseph II. konnte das zwischenzeitlich barockisierte Kloster mit wenigen Eingriffen in ein Schloss umgewandelt werden.

SCHLOSS ZBRASLAV (ZÁMEK ZBRASLAV)

Das heutige Erscheinungsbild des während der Hussitenkriege zerstörten Klosters geht zurück auf eine zu Beginn des 18. Jahrhunderts erfolgte Barockisierung nach Entwürfen von Johann Blasius Santini-Aichl. Nicht mehr vorhanden ist die alte Stiftskirche, die als Grablege der letzten Přemyslidenherrscher diente. Die U-förmig angeordneten Gebäude des Klosters umschließen einen als Kreuzgang genutzten Ehrenhof.

VYŠEHRAD

»Ich sehe eine große Festung, deren Ruhm und Pracht die Sterne erreicht, und einen Ort im Wald, etwa 30 Ellen von unserem Schloss (Vyšehrad) entfernt, und seine Grenze bildet die Moldau. Wenn ihr dort ankommt, werdet ihr einen Mann sehen, der mitten im Wald eine Türschwelle zimmert; und weil auch die größten Herren sich vor einer niedrigen Schwelle beugen, sollt ihr das Schloss, das ihr nach dieser Begebenheit dort bauen werdet, ›Praha‹, die ›Schwelle‹ nennen.« So lautete die Prophezeiung Libussas, der jüngsten Tochter des Fürsten Krok, der nach dem Tod Čechs das nach ihm benannte Volk der Tschechen nach Böhmen führte. Und weil sich die Prophezeiung der seherisch begabten Tochter augenscheinlich bewahrheitet hat, liegt Prag nun nicht wie andere Städte zu Füßen nur eines Burghügels, sondern von zweien. Aber Prag ist eben auch in jeder Beziehung eine ganz besondere Stadt.

VYŠEHRAD

Schon im 8. Jahrhundert soll hier eine altslawische Holzburg gestanden haben, die »Hohe Burg« (»Vyšehrad«). Eine erste Steinburg und mehrere Kirchen ließ Fürst Vratislav II. errichten, ab April 1085 der erste König von Böhmen. Davon blieb wenig erhalten; die neugotische Kirche St. Peter und Paul (oben) steht auf den Überresten einer romanischen Basilika. Der kleine Ehrenfriedhof (unten) wurde im Jahr 1660 gegründet.

UMGEBUNG 249

BURG KARLSTEIN (HRAD KARLŠTEJN)

Nur etwa dreißig Kilometer südwestlich von Prag thront in einem Seitental der Beraun die in den Jahren 1348 bis 1355 für Karl IV. vermutlich nach Entwürfen des französischen Architekten und Prager Dombaumeisters Matthias von Arras errichtete Burg Karlstein (Hrad Karlštejn) auf einem 320 Meter hohen Kalksteinfelsen. Schon die – beim Bau von Burgen durchaus unübliche – feierliche Grundsteinlegung durch Ernst von Pardubitz, dem ersten Prager Erzbischof, weist darauf hin, dass Karl IV. mit dieser sich in drei selbstständige Komplexe gliedernden Anlage »Höheres« im Sinn hatte: Tatsächlich war sie weder zu militärischen Zwecken noch als herrschaftliche Wohnstätte gedacht, sondern diente allein dazu, die Kleinodien des Heiligen Römischen Reichs Deutscher Nation, die böhmischen Kroninsignien sowie die stattliche Reliquiensammlung des Kaisers aufzubewahren.

BURG KARLSTEIN (HRAD KARLŠTEJN)

Die schönste böhmische Burg war als feierlicher Rahmen für die »Schatzkammer« des Reichs gerade gut genug: Im Jahr 1422 während der Hussitenstürme stark beschädigt und anschließend restauriert, wurde die Anlage 1648 von den Schweden erobert. Ihr heutiges Erscheinungsbild geht zurück auf eine schließlich im 19. Jahrhundert unter Kaiser Franz II. und seinem Sohn Ferdinand I. erfolgte Regotisierung.

EINE SAKRALE INSZENIERUNG: DIE »ZAUBERWELT« VON BURG KARLSTEIN

Die Grundsteinlegung der Burg Karlstein erfolgte im selben Jahr wie die Gründung der Prager Neustadt. Und wie bei den dortigen Zeremonienwegen, in die damals profane und sakrale Räume gleichermaßen eingebunden wurden, so symbolisiert auch die äußere Anlage der sich in Form eines gespiegelten »L« den Hang hinaufziehenden Burg Karlstein das Bestreben Karls IV., die eigene Person als Herrscher zu sakralisieren. Deren Anordnung in drei Stufen entspricht mittelalterlichen Hierarchievorstellungen: Auf die niedrigste, »irdische« Stufe, vertreten durch den Kaiserpalast, folgt der kleinere Turm mit der Marien- und der Katharinenkapelle. Die höchste, »himmlische« Stufe symbolisiert der große Turm als Burgfried mit der Christus dem Erlöser vorbehaltenen Heiligkreuzkapelle. Dass auf dieser höchsten Stufe neben Reliquien auch die Reichskleinodien und die Krönungsinsignien aufbewahrt wurden, verdeutlicht den Rang, den der Kaiser den weltlichen Symbolen und Zeichen seiner Macht und damit sich selbst zuweisen wollte. Seine sakrale Inszenierung verfehlte auch keinesfalls ihre Wirkung. »Jetzt eben komme ich von Karlstein«, berichtete noch der deutsche Kunsthistoriker Sulpiz Boisserée (1783–1854), und meinte: »Du glaubst dich in eine Zauberwelt versetzt und allen bunten, goldenen Wahn der Kinderjahre um dich herum verwirklicht ...«

EINE SAKRALE INSZENIERUNG: DIE »ZAUBERWELT« VON BURG KARLSTEIN

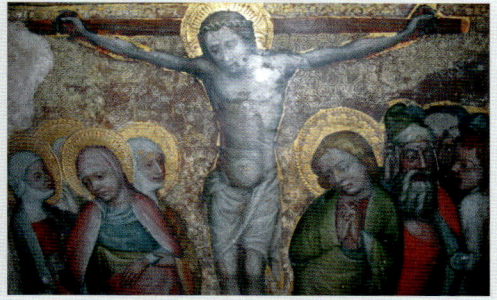

Der kleinere (Marien-)Turm der Burg beherbergt die Kapitelkirche der heiligen Maria (unten links) und die Katharinenkapelle (oben). Höhepunkt der sakralen Inszenierung ist die Heiligkreuzkapelle im Großen Turm (übrige Abbildungen): Um das Jahr 1360 geweiht, vermittelt der in der unteren Zone ganz mit Edelsteinen besetzte, mit Tafelbildern von Meister Theoderich geschmückte Raum die Illusion des »Himmlischen Jerusalem«.

REGISTER

A
Abakanowicz, Magdalena 83
Adalbert, heiliger 199, 236
Agnes von Böhmen, heilige 112, 158–162, 199
Agneskloster 158/159
Allerheiligenkapelle 36/37
Alliprandi, Giovanni Battista 102
Alte Landrechtsstube 37
Alter Jüdischer Friedhof 174, 180/181
Altneusynagoge 174, 176/177, 197
Altstädter Brückenturm 74 f.
Altstädter Rathaus 132–135, 136, 151
Altstädter Ring 111, 133, 136/137, 144, 150, 152, 172
Anna von Böhmen 44
Apollinaire, Guillaume 135
Asam, Cosmas Damian 236
Astronomische Uhr 134/135
Aula Regia 246
Ausstellungsgelände 232/233

B
Balšánek, Antonín 162
Barrandow-Studios 218
Basteigarten 44
Bauer, Felice 43
Baumgarten 232/233
Beethoven, Ludwig van 121
Bendelmayer, Bedřich 200
Benedikt XIII. 64
Berlioz, Hector 216
Berounka (Braun) 246, 250
Bethlehemskapelle 138
Bezalel, Jehuda Liwa ben 176
Bischofspalast 85
Blecha, Matěj 193
Böhmische Kanzlei 37
Boisserée Sulpiz 252
Boleslav I. 34
Boleslav II. 236
Boleslaw von Schlesien 160
Bořivoy I. 18, 24
Brahms, Johannes 224
Brandl, Peter 237
Brandt, Peter Johann 90
Braun, Matthias Bernhard 121
Brentano, Johann Franz 77
Brockoff, Ferdinand Maximilian 49
Brod, Max 42, 94
Brückengasse 84/85, 119
Brzik, Wenzel von 55
Burg Karlstein 35, 76, 250–253

C
Café Franz Kafka 208
Café Imperial 209
Café Slavia 209
Campbell, Martin 218
Canevale, Domenico 120
Carlone, Carlo 121
Carolinum (Karolinum) 130/131
Čech (Stammvater) 215, 248
Čech-Brücke 172
Černý, David 79, 83, 203, 228 f.
České Budějovice 204
Charta 77 60
Clementinum (Klementinum) 114/115
Cosmas von Prag 108

D
Da Ponte, Lorenzo 242
Dalibor-Turm 41, 116

Diamant, Doro 79
Dientzenhofer, Christoph 53, 89
Dientzenhofer, Kilian Ignaz 53, 89 f., 125, 144, 148, 225, 237
Dombauverein von St. Veit 30
Dominikaner 124 f.
Dražice, Johann von 124
Dreißigjähriger Krieg 54 f.
Drýak, Alois 200
Dürer, Albrecht 51
Dvořák, Antonín 224/225
Dvořák-Museum 225
Dvořák-Saal 185

E
Eberhard, Münzmeister 126
Elisabeth, Königin von Böhmen 76
Ernst von Pardubitz 250
Erster Prager Fenstersturz 54, 221
Erzbischöfliches Palais 47

F
Fanta, Josef 194
Fausthaus 220
Fenster der Landespatrone 31
Ferdinand I. 44, 114, 154, 251
Ferdinand II. 89, 99
Ferdinand von Tirol, Erzherzog 236
Filippi, Giovanni M. 106
Film- und Fernsehfakultät der Akademie der Musischen Künste 218
Fischer von Erlach, Joseph Emanuel 29, 120
Forman, Miloš 218 f.
Francesco, Gärtner 44
Franz II. 251
Franz Joseph I. 50, 194, 196
Franz-Kai 116/117
Fuchs, Josef 230
Fuchs, Rudolf 42, 200
Fürstenberg-Garten 101

G
Gallas, Johann Wenzel Graf 120
Galli, Agostino 48
Gallus, heiliger 127
Gallusstadt 126/127
Ganz, Bruno 241
Gehry, Frank 222 f.
Gemeindehaus (Repräsentationshaus) 162–169, 209
Genscher, Hans-Dietrich 103
Georg von Podiebrad 74
Georg, heiliger 25
Getto 172, 174/175
Gočár, Josef 189
Godin, Abraham 235
Goldene Bulle 76/77
Goldene Pforte 27, 30
Goldener Engel 240 f.
Goldenes Gässchen 25, 40/41, 43
Golem 176
Goltz, Johann Arnold Graf von 144
Gottwald, Clemens 145
Grand Café Louvre 208
Granovský von Granov, Jakob 154
Green, Julien 100, 157
Großes Ballhaus 45
Gutfreund, Otto 83

H
Habsburg (Herrscherhaus) 15, 54, 76
Haffenecker, Anton 128

Haffenecker, Thomas 120
Hanau'scher Pavillon 228
Hašek, Jaroslav 204
Hauptbahnhof 194/195
Haus zur Schwarzen Muttergottes 188 f.
Hauszeichen 94/95
Havel, heiliger 127
Havel, Václav 60/61, 145, 222
Havelská 126 f.
Heermann, Johann Georg 234
Heiligkreuzkapelle 253
Heinrich IV. 160
Heumarkt 198
Hindemith, Paul 211
Hohler Weg 56
Holbein, Hans, d. Ä. 143
Horowitz, Aron Meschullam 182
Hotel Europa 200/201
Hrabal, Bohumil 205
Hradschin 14–61, 76, 87, 110
Hradschiner Platz 46–50
Hus, Jan 54, 124, 131, 138–143
Hussiten 124 f., 148
Hussitenkriege 54, 247

I/J
Industriepalast 233
Jaroš, Tomáš 45
Jesuiten 113, 114
Johann von Luxemburg 76
Johannes Paul II. 138, 160, 229
Josefstadt 110–189
Joseph II. 110, 132, 246
Jubiläumssynagoge 196/197
Jüdisches Museum 174, 179
Jüdisches Rathaus 174, 177 f.
Judith von Thüringen 66
Judithbrücke 66, 75, 112
Judithturm 75
Jugendstil 192/193, 197 f.

K
Kadaně, Mikuláš z 134
Kaffeehaus 208/209
Kaffeemuseum 209
Kafka, Franz 40, 42/43, 78 f., 108, 145, 173, 180, 200, 208
Franz-Museum 78/79
Kampa, Moldauinsel 80/81
Kaňka, František Maximilián 104
Kapitelkirche der heiligen Maria 253
Kara, Avigdor 180
Kařásek, Jiří 49
Karl IV. 26 f., 32, 46, 66, 76 f., 84, 101, 110, 112, 108, 130, 152, 190 f., 196, 238, 250, 252
Karlsbrücke 15, 63, 66–75, 77, 80 f., 84, 113, 119, 233
Karlsgasse 118/119, 150
Karlsplatz 76, 220/221
Karmeliterstraße 104, 106
Katharinenkapelle 253
Katholische Liga 55
Kavárna Obecní Dům 167
Kerr, Alfred 23, 96
Kinský, Graf Rudolf 244
Kinsky, Rudolf, Fürst 144
Kinský-Villa 244/245
Kirche des heiligsten Herzens des Herrn 227, 239
Kisch, Egon Erwin 15, 208, 240
Klara, heilige 158, 161
Klarissenorden 161

Klausensynagoge 174, 178 f.
Kleiber, Erich 211
Kleiner Ring 150/151
Kleinseite 62–109
Kleinseitner Brückentürme 74 f., 85
Kleinseitner Brückenzollamt 84
Kleinseitner Ring 86/87, 90, 92, 119
Kloster Břevnov 236/237
Kloster Strahlev 56
Kloster Strahov 58/59
Koch, Heinrich 244
Kohlmarkt 126
Königspalast 24, 36/37
Konstanze von Ungarn 112, 160
Konzil von Konstanz 54, 138, 143
Korngold, Erich Wolfgang 211
Kotěra, Jan 188
Koula, Jan 172
Kozojedy, Dalibor von 41
Král, Petr 185
Krenek, Ernst 211
Kreuzherren vom Roten Stern 112
Kreuzherrenplatz 112–114
Krok, Fürst 248
Kroměříž, Jan Milíč von 124
Kroninsignien 33, 252
Krönungsweg der böhmischen Könige 46, 92, 118 f.
Kubismus 188/189
Künigl, Graf 128
Kunstgewerbemuseum 186/187
Kupka, František 83
Kyrill, heiliger 31, 72

L
Lapidarium 232 f.
Laurentius, heiliger 108
Laurenziberg (Petřín) 105, 108/109
Le Corbusier 230
Leopold I. 89
Lessing, Gotthold Ephraim 128
Letnápark 172
Létnaplateau 226, 228/229
Libussa 14, 34, 116, 246, 248
Liebern, Salomon Hugo 174
Liliencron, Detlev von 12, 94
Liszt, Franz 216
Lobkovitz, Johann Graf 48 f.
Lobkowitz, Benigna Katharina von 52
Lobkowitz, Polyxena 107
Loretoheiligtum 52/53
Loretoplatz 53
Löw, Rabbi 166, 181
Ludmílla, heilige 34, 199
Lurago, Anselmo 89, 144
Luther, Martin 54
Luxemburg (Herrscherhaus) 15, 76
Luxemburg, Johann von 46, 132

M
Mahler, Gustav 211
Maisel, Mordechai (Markus) 178/179
Maisel-Synagoge 174, 178 f.
Mánes-Haus 216 f.
Mann, Golo 99
Margaretenkirche 236 f.
Maria Theresia 24, 94
Marie Marique die Ältere, Herzogin 107
Marienplatz 114
Mariensäule 49
Marionettentheater 122/123
Masaryk, Jan 215

254

REGISTER

Mathey, Jean Baptiste 234
Matthias I. 54
Matthias von Arras 28, 250
Matthiastor 24
Mendelssohn Bartholdy, Felix 184
Messepalast 230/231
Method, heiliger 31, 34, 72
Meyrink, Gustav 41
Mihulka-Turm 40
Miluniã, Vlado 222
Mladkova, Meda 82
Moldau 64, 116 f.
Motte Fouqué, Caroline de 12
Mozart, Wolfgang Amadeus 121 f., 129, 58, 242–244
Mozart-Museum 243
Mucha, Alfons 31, 167, 170/171
Müller, Michael 42
Musaion 244 f.
Museum der tschechischen Literatur 236
Museum Kampa 80–83
Myslbeck, Josef Václav 199

N
Nationalgalerie Prag 50/51, 159, 230 f., 235
Nationalgalerie zur antiken und orientalischen Kunst 144
Nationalmuseum 73, 206/207, 233, 244 f.
Nationalstraße 212/213
Nationaltheater 213–215, 224, 242
Nepomuk, heiliger 29, 64, 72
Neruda, Jan 63, 92 f., 204
Neruda, Pablo 92
Nerudagasse (Nerudova) 92/93, 95 f.,
Neue Erzbischöfliche Kapelle 31
Neue Schlossstiege 96/97
Neustadt 76, 87, 126, 190–225
Neustädter Rathaus 220 f.
Nostiz-Rieneck, Franz Anton Graf 128
Nouvel, Jean 240 f.
Novotný, Otakar 216
Nový Svět 56/57
Nußbaum, Norbert 28

O
Obstmarkt 126
Orsi, Giovanni Battista 52
Österreichischer Erbfolgekrieg 56
Ottokar I. 112, 158, 160
Ottokar II. 228, 232, 246

P
Pacassi, Niklaus 24
Palach, Jan 198
Palais Clam-Gallas 120/121
Palais Colloredo-Mansfeld 118
Palais Fürstenberg 100
Palais Goltz-Kinský 144
Palais Granovský 154
Palais Kaunitz 84
Palais Kolowrat 100
Palais Lebedour 100 f.
Palais Lobkowitz 102/103, 104, 108
Palais Lucerna 202/203
Palais Morzin 92
Palais Pálffy 100
Palais Schwarzenberg 48–51
Palais Sixt 152
Palais Slavata 96
Palais Sternberg 50 f.

Palais Thun-Hohenstein 92, 96
Palais Toscana 48 f.
Palais Vrtba 104–106
Palais Waldstein 98–100
Palastgärten 100/101
Pálffy-Garten 101
Palliardi, Ignaz 102
Palma, Brian de 218
Panslawischer Kongress 216
Paradiesgarten 44
Pariser Straße 172/173
Parler, Heinrich 33
Parler, Peter 28, 32, 36, 74, 146
Perutz, Leo 178 f.
Pešina, Wenzel Michael 30
Petrarca, Francesco 152
Pfeiffer, Antonín 193
Philharmonisches Orchester 168
Pieroni, Giovanni 99
Pilsen 204
Pinkas, Rabbi 182
Pinkassynagoge 174, 182/183
Platz des Friedens 238
Platzer, Ignaz Franz 25, 144
Plečnik, Josip 239
Pohořelec 56/57
Polívka, Osvald 162
Polschitz und Weseritz, Christoph von 104
Popp, Antonín 187
Prager Blutgericht (1621) 104
Prager Burg 15–33 58,
Prager Frühling 60, 198
Prager Jesulein 107
Prager Secession 193, 194–195
Prager Stadtarchiv 120
Prämonstratenserorden 58 f.
Přemysl 34
Přemysliden 14, 16, 24, 32, 34, 76, 116, 247
Prokop, heiliger 199
Pulverturm 119, 152, 156/157

R
Räume der Landtafeln 37
Reformation 54/55
Reiner, Wenzel Lorenz 91
Reinerová, Lenka 13
Rejsek, Matěj 156
Repräsentationshaus (Gemeindehaus) 162–169, 209
Ried, Benedikt 36, 41
Rieger Park 238
Rilke, Rainer Maria 47
Rindermarkt 198
Ríp, Berg 215
Rodin, Auguste 244
Rossmarkt 198
Rudolf II. 40, 90, 178, 232
Rudolf, Herzog von Sachsen 84
Rudolf, Kronprinz 184
Rudolfinum 13, 184–186
Růže, Hanuš 134
Rytířská 126

S
Sächsisches Haus 84
Šaloun, Ladislav 143, 169, 194, 201
Salvatorkirche 158 f.
Samtene Revolution 12, 60 f., 136, 198, 212
Santini-Aichl, Johann Blasius 92, 247
Schiller, Friedrich 98

Schlacht am Weißen Berg 52, 55, 89, 106, 236
Schloss Belvedere 43/44
Schloss Stern 236/237
Schloss Troja 234/235
Schloss Zbraslav 246/247
Schmidt, Anton Karl 84
Schnirch, Bohuslav 187
Schreker, Franz 211
Schulz, Josef 13, 184, 186
Schumann, Robert 224
Seemann, Georg 235
Šitka, Jan 217
Šitka-Wasserturm 217
Sixt von Ottersdorf, Jan 152
Škréta, Karel 147
Skupa, Josef 122
Slawische Insel 216/217
Smetana, Friedrich (Bedřich) 14, 116/117, 214, 224
Smetana-Kai 14, 116–118
Smetana-Museum 14, 117
Smetana-Saal 168 f.
Smíchov 240/241, 244
Snayers, Pieter 55
Sophieninsel 216
Špaček, František 125
Spanische Synagoge 174 f.
Spatio, Giovanni 44
Spezza, Andrea 99
Spiegelkapelle 115
Špillar, Karel 167
Spornergasse 92
Spytihněv II. 26
St. Maria de Victoria 106/107
St. Mariä Himmelfahrt 58
St. Maria vor dem Teyn 137, 146/147
St. Niklas auf der Kleinseite 78, 88/89
St. Niklas in der Altstadt 148/149
St. Peter und Paul 249
St.-Ägidius-Kirche 124/125
St.-Barbara-Kirche 158
St.-Franziskus-Kirche 158 f.
St.-Gallus-Kirche 126 f.
St.-Georgs-Basilika 38/39
St.-Georgs-Kloster 50
St.-Ignatius-Kirche 220
St.-Jakobs-Kapelle 246
St.-Josephs-Kirche 90/91
St.-Ludmilla-Kirche 238
St.-Salvator-Kirche 113
St.-Thomas-Kirche 90/91
St.-Veits-Dom 24, 25, 26–33, 76, 64, 119, 171
Staatsoper Prag 210/211
Ständeerhebung 46
Ständetheater 128/129, 243
Steinfels, Johann Jakob 237
Stella, Paolo della 45
Sternberg, Graf Wenzel Adalbert 234
Sternberg, Kaspar Maria von 206
Stiassny, Wihelm 196
Strahover Evangeliar 59
Straße des 17. November 187
Strauss, Richard 211
Suttner, Bertha von 144

T
Táborský, Jan 134
Tanzendes Haus 222/223
Teufelsbach 80 f.
Teynhof 146, 154/155
Teynkirche 137, 146/147
Theresienstadt 182

Tirol, Hans 45
Truhlar, Pavel 123
Tschechische Nationalbibliothek 115
Tschechische Nationalgalerie 48, 50/51
Tschechische Nationalphilharmonie 13, 184
Tschechisches Kubismusmuseum 188
Tyl, Josef Kajetán 128
Tyl, Oldrich 230

U
Ullmann, Ignaz
Unbeschuhte Karmeliten 106
Ungelt 154/155
Union Internationale de la Marionette 122
Universität 114, 130

V
Vacínow, Michna von 225
Veitsdom siehe St.-Veits-Dom
Vereinigung patriotischer Freunde der Kunst 50
Villa Amerika 225
Villa Bertramka 243
Vinohrady 227, 238/239
Vlach, Augustin 48
Vladislav II. 36, 66, 156
Vladislav-Saal 36/37
Vojtěch siehe Adalbert
Vratislav II. 249
Vrtba, Sezima 104
Vrtba-Garten 104/105
Vyšehrad 73, 110, 170, 226 248/249

W
Wagner, Otto 193
Wagner, Richard 184, 210, 224
Waldstein, Albrecht von 98
Waldsteingasse 100
Waldsteinplatz 100
Wallenstein siehe Waldstein, Albrecht von
Wallgarten 44
Walter, Bruno 211
Weißer Berg 236 f.
Wenzel I., heiliger 26, 30, 32–35, 110, 126, 158, 160
Wenzel II. 76, 90, 246
Wenzel IV. 64, 131, 138
Wenzelsdenkmal 207
Wenzelskapelle 32, 33, 34/35
Wenzelsplatz 35, 61, 73, 198/199
Werfel, Franz 57
Woldt, Isabella 133
Wolf, Achill 128
Wolmut, Bonifaz 45
Würth, Johann Joseph 29
Wycliffe, John 54

X/Z
Xanten, Norbert von 59
Zajíc, Jan 198
Zelivský, Jan 221
Zeltnergasse 119, 152/153
Zemlinsky, Alexander von 211
Zítek, Josef 13, 214
Žižkov 180
Zweiter Prager Fenstersturz 54 f.

BILDNACHWEIS / IMPRESSUM

A = Alamy
C = Corbis
G = Getty
L = Laif
M = Mauritius

Cover und S. 1: Look/Elan Fleisher
S. 2/3 A/Danita Delimont, 4/5 M/A, 6/7 G/Photographer's Choice/Guy Vanderelst, 8/9 M/A, 10/11 M/Profimedia, 12/13 M/Profimedia, 14/15 G/Vetta/Matthew Dixon, 16/17 C/Michele Falzone, 18/23 C/Guido Cozzi, 19-22 G/Vetta/Pavel Pospisil, 23 o. li. G/Flickr/Mathew Spolin, 23 o. re. G/Flickr/Philipp Klinger, 24/25 M/A, 25 o. li. M/A, 25 o. re. G/AFP/Joe Klamar, 25 re. L/hemis/Gil Gieglio, 26 li. o. G/Lonely Planet Images/Richard Nebesky, 26 li. M. o. M/A, 26 li. M. u. M/A, 26 li. u. M/A, 26/27 G/hemis/Boisvieux Christophe, 27 M/A, 28/29 M/A, 29 o. li. A/Alena Brozova, 29 o. re. A/Alena Brozova, 30 li. A/Siloto, 30 re. M/A, 30/31 L/Tobias Gerber, 31 G/DEA/C. Sappa, 32/33 A/Jon Arnold Images Ltd, 33 o. li. M/A, 33 o. re. M/A, 33 re. M/A, 34 A/The Art Archive, 34/35 A/Lonely Planet Images, 35 o. A/Profimedia International r.o., 35 re. M/Jan Halaska, 36/37 M/A, 37 o. li. M/A, 37 o. re. A/imagebroker, 37 re. o. M/A, 37 re. M. M/A, 37 re. u. M/A, 38/39 A/Lonely planet images, 39 o. A/Danita Delimont, 39 re. M/A, 40 L/Tobias Gerber, 40/41 A/CTK, 41 o. A/CuboImages srl, 42/43 L/Miquel Gonzalez, 43 A/Images & Stories, 44 M/A, 44/45 A/Josef Hanus, 45 M/A, 46/47 A/CTK, 47 M/A, 48/49 M/A, 49 A/CTK, 50/51 C/The Gallery Collection, 51 A/Lonely planet images, 52/53 M/age, 53 A/Anthony Collins, 54/55 akg-images, 55 akg-images/Erich Lessing, 56/57 A/Jon Arnold Images Ltd, 57 o. li. A/Profimedia International r.o., 57 o. re. A/Profimedia International r.o., 57 re. o. A/praguepix, 57 re. u. M/A, 58/59 C/William Manning, 59 o. M/A, 59 re. M/imagebroker/Raimund Kutter, 60/61 L/Redux/The New York Times/Michal Novotny, 61 o. C/Reuters/CHIP EAST, 61 re. C/ Owen Franken, 62/63 G/Picavet, 64/65 C/SuperStock, 65 o. G/Vetta/Matthew Dixon, 66/71 G/Photographer's Choice/Hiroshi Higuchi, 67-70 C/Atlantide Phototravel/Guido Cozzi, 71 o. C/SuperStock/Peter Barritt, 72/73 A/Richard T. Nowitz, 73 o. C/Atlantide Phototravel, 74/75 A/Danita Delimont, 75 o. G/Robert Harding World Imagery, 76/77 Bilderberg, 77 o. akg-images, 77 u. akg-images, 78/79 M/John Warburton-Lee, 79 o. L/Peter Hirth, 80/81 M/age, 81 G/Photographer's Choice/Michele Falzone, 82 L/Peter Hirth, 82/83 L/Peter Hirth, 83 o. li. G/Robert Harding World Imagery/Richard Nebesky, 83 o. re. M/A, 84/85 G/Axiom Photographic Agency/Paul Quayle, 85 o. li. M/Profimedia, 85 re. G/The Image Bank/Allan Baxter, 86/87 C/Atlantide Phototravel/Guido Cozzi, 87 M/A, 88 M/Bridge, 88/89 C/JAI/Michele Falzone, 89 o. C/Robert Harding World Imagery, 89 re. C/JAI/Michele Falzone, 90 M/A, 90/91 M/A, 91 o. M/A, 91 re. L, 92/93 L/Peter Hirth, 93 o. li. L/Miquel Gonzalez, 93 o. re. M/A, 93 re. L, 94/95 M/A, 95 o. L/Peter Hirth, 95 re. o. M/A, 95 re. M. o. M/A, 95 re. M. u. M/A, 95 re. u. M/A, 96/97 L/Peter Hirth, 97 A/Profimedia International r.o., 98/99 M/A, 99 G/Lonely Planet Images/Richard Nebesky, 100/101 A/Profimedia International, 101 o. l. C/Jaen-Pierre Lescourret, 101 o. r. A/Lonely planet images, 101 re. C/Chritophe Boisvieux, 102/103 L/Peter Hirth, 103 o. li. A/CTK, 103 o. re. A/CTK, 104/105 G/The Image Bank/Frank Chmura, 105 C/Jaen-Pierre Lescourret, 106/107 A/CTK, 107 o. A/CTK, 107 re. M/A, 108/109 C/Atlantide Phototravel, 109 o. A/Frank Chmura, 110/111 G/Photographer's Choice/Michele Falzone, 112/113 M/A, 113 o. li. G/Stone/Steven Weinberg, 113 o. re. A/Jozef Sedmak, 114/115 M/A, 115 o. l. A/Profimedia International, 115 o. r. G/AFP/Michal Cizek, 115 re. M/A, 116 A/The Art Archive, 117 o. M/imagebroker/Martin Moxter, 117 u. r. M/A, 119 o. li. M/A, 119 o. re. M/A, 119 re. M/Rafael Macia, 120/121 M/A, 121 o. li. G/isifa, 121 o. re. G/isifa, 121 re. M/A, 122 L/IML, 122/123 L/Peter Hirth, 123 o. li. A/CR/Peter Forsberg, 123 o. re. L/hemis, 123 re. L/Peter Hirth, 124/125 M/imagebroker/Ingo Schulz, 125 M/A, 126/127 M/A, 127 o. A/Lonely planet images, 127 re. M/A, 128/129 M/A, 129 o. li. A/Profimedia International r.o., 129 o. re. M/A, 129 re. M/A, 130/131 M/A, 131 o. M/A, 131 re. M/A, 132 G/Photographer's Choice/Vladimir Pcholkin, 132/133 G/Digital Vision/Martin Child, 133 o. re. G/Photographer's Choice/Jorg Greuel, 134 C/Westend61/Paul Seheult, 134/135 C/Reed Kaestner, 135 o. C/Atlantide Phototravel/Guido Cozzi, 136 G/Robert Harding/Gavin Hellier, 137 o. C/JAI/Michele Falzone, 137 M. C/Atlantide Phototravel/Guido Cozzi, 137 u. L/Zanettini, 138/143 M/A, 139-142 C/Atlantide Phototravel/Guido Cozzi, 143 o. li. G/Hulton Archive, 143 o. re. G/Hulton Archive, 143 re. G, 144/145 C/Image Source, 145 o. li. M/A, 145 o. re. A/Travel Pictures, 146/147 M/A, 147 o. li. G/Flickr/Christopher Chan, 147 o. re. A/Viktor Fischer, 148 M/A, 148/149 A/Arcaid Images, 149 o. M/A, 150/151 L/Miquel Gonzalez, 151 M/A, 152/153 C/Atlantide Phototravel/Guido Cozzi, 153 o. li. A/CuboImages srl, 153 o. re. L/Jose Barea, 153 M. M/A, 153 u. M/A, 154 A/praguepix, 154/155 M/age, 155 o. li. M/A, 155 o. re. L/Peter Hirth, 156 A/imagebroker, 156/157 M/imagebroker/Günter Lenz, 157 o. M/A, 158 li. M/A, 158 re. M/A, 158/159 A/Danita Delimont, 159 o. M/A, 160/161 L/hemis/Rabouan Jean-Baptiste, 161 o. M/A, 161 o. re. akg-images/Gerhard Ruf, 162 L/hemis/Gil Giuglio, 163 M/A, 163-166 G/Panoramic Images, 166 C/Robert Harding World Imagery/Martin Child, 167 o. G/Panoramic Images, 167 li. C/Chritophe Boisvieux, 167 o. re. M/A, 167 re. M. o. L/hemis, 167 re. M. u. M/A, 167 re. u. M/A, 168/169 A/Paul Springett 09, 169 o. li. A/Paul Springett B, 169 o. re. A/Paul Springett 09, 170 li. A, 170 re. M/A, 171 o. li. M/A, 171 o. re. A/Robert Harding Picture Library Ltd, 171 u. li. A/Archivart, 171 u. M. M/A, 171 u. re. M/A, 172/173 L/Peter Hirth, 173 o. li. C/Reuters/X01548/David W. Cerny, 173 o. re. M/A, 173 re. C/Reuters/X01548/David W. Cerny, 174/175 M/A, 175 o. M/A, 175 re. M/age, 176/177 M/CuboImages, 177 o. M/CuboImages, 178 L/Neumann, 178/179 M/CuboImages, 179 o. M/A, 180/181 C/SuperStock/Peter Barritt, 181 o. G/Panoramic Images, 181 re. o. L/Tobias Gerber, 181 re. M. o. M/A, 181 re. M. u. G/Gallo Images/Justin Williams, 181 re. u. M/A, 182/ 183 M/A, 183 o. li. A/CuboImages srl, 183 o. re. M/A, 184/185 M/A, 185 o. M/age, 185 re. M/A, 186 M/A, 186/187 M/A, 187 o. A/The Art Archive, 187 re. M/A, 188 M/A, 188/189 A/CTK, 189 o. A/Yannick Luthy, 189 re. o. A/CTK, 189 re. M. o. A/CTK, 189 re. M. u. A/CTK, 189 re. u. M/A, 190/191 A/Profimedia International r.o., 192 M/A, 192/193 M/A, 193 o. li. M/A, 194/195 M/A, 195 o. M/A, 196/197 M/A, 197 o. M/imagebroker/Jan Richter, 197 re. M/A, 198/199 G/The Image Bank/Frank Chmura, 199 o. M/A, 200/201 A/CTK, 201 o. G/Panoramic Images, 201 re. o. A/CTK, 201 re. M. o. M/A, 201 re. u. M/A, 202 L/Modrow, 202 u. A/CTK, 202/203 A/Mark Pink, 203 o. li. A/CTK, 203 o. re. A/CTK, 204/205 C/JAI/Ken Scicluna, 205 o. l. L/Peter Hirth, 205 o. r. C/K. K. Scicluna, 205 o. und u. M/Imagebroker/E. Strigl, A/Travel Division Images, 206 L/Tobias Gerber, 206/207 L/Miquel Gonzalez, 207 o. G/Flickr/Michael Kitromilides, 207 M. L/Miquel Gonzalez, 207 u. L/Miquel Gonzalez, 208/209 C/Atlantide Phototravel/Guido Cozzi, 209 o. li. G/Photographer's Choice/David Sutherland, 209 o. re. L/Emilie Luider, 210/211 A/CTK, 211 o. M/A, 211 M M/A, 211 u. M/A, 212 A/Lonely planet images, 212/213 C/Atlantide Phototravel/Guido Cozzi, 213 o. li. A/Profimedia International r.o., 213 o. re. L/hemis/Gil Giuglio, 214 o. M/A, 214 u. M/A, 214/215 A/CTK, 215 o. G/The Image Bank/Chad Johnston, 216/217 A/Michaela Dusiková, 217 o. li. M/A, 217 o. re. M/A, 217 re. C/Reuters/David W. Cerny, 218/219 C/David H. Wells, 219 o. A/Paul Sampson, 220 M/A, 220/221 M/A, 221 o. li. M/A, 221 o. re. M/A, 222 M/Profimedia, 222/223 M/Profimedia, 223 o. li. A/CTK, 223 o. re. A/CTK, 224/225 A/imagebroker, 225 o. li. A/Profimedia International r.o., 225 o. re. A/ Profimedia International r.o., 225 re. C/The Art Archive/Alfredo Dagli Orti, 226/227 A/Profimedia International r.o., 228/229 M/age, 229 o. li. M/A, 229 o. re. M/A, 230 A/Lonely planet images, 230/231 A/Lonely planet images, 231 M/A, 232/233 M/A, 233 o. li. M/A, 233 o. re. M/A, 233 re. o. M/A, 233 re. M. o. M/A, 233 re. M. u. M/A, 233 re. u. M/A, 234/235 M/Jan Halaska, 235 o. L/hemis/Rabouan Jean-Baptiste, 236 L/hemis, 236/237 L/hemis, 237 o. li. M/A, 237 o. re. M/A, 238/239 M/Profimedia, 239 o. M/A, 240/241 A/Profimedia International r.o., 241 o. G/The Image Bank/Luis Castaneda Inc., 242/243 L/hemis, 243 o. li. A/The Art Archive, 243 o. re. M/ Jan Halaska, 243 re. A/The Art Archive, 244/245 A/Profimedia International r.o., 245 o. A/Profimedia International r.o., 246/247 A/Profimedia International r.o., 247 o. C/Atlantide Phototravel/Guido Cozzi, 248 M/Profimedia, 248/249 C/Chritophe Boisvieux, 249 o. li. M/A, 249 o. re. M/A, 250/251 A/isifa Image Service r.o., 251 o. M/Rene Mattes, 252 o. M/A, 252 M. Profimedia International r.o., 252 u. M/A, 252/253 M/A, 253 o. li. L/ hemis/Rabouan Jean-Baptiste, 253 o. re. M/A, 253 re. o. A/Profimedia International r.o., 253 re. u. A/Profimedia International

© 2012 Verlag Wolfgang Kunth GmbH & Co KG, München
Königinstr. 11
80539 München
Tel. +49.89.45 80 20-0
Fax +49.89.45 80 20-21
www.kunth-verlag.de
info@kunth-verlag.de

ISBN 978-3-89944-851-1
Printed in Slovakia

Text: Robert Fischer

Alle Rechte vorbehalten. Reproduktionen, Speicherung in Datenverarbeitungsanlagen, Wiedergabe auf elektronischen, fotomechanischen oder ähnlichen Wegen nur mit der ausdrücklichen Genehmigung des Copyrightinhabers.

Alle Fakten wurden nach bestem Wissen und Gewissen mit der größtmöglichen Sorgfalt recherchiert. Redaktion und Verlag können jedoch für die absolute Richtigkeit und Vollständigkeit der Angaben keine Gewähr leisten. Der Verlag ist für alle Hinweise und Verbesserungsvorschläge jederzeit dankbar.